永峯清成

名古屋懐かしの風景

明治橋からテレビ塔まで

風媒社

はじめに

人間の記憶力と想像力という、おそらく頭の脳の辺りに発するこの現象はじつに不思議なもので、それを形として見ることも捉えることもできない。偉い学者でも、その現象を学問の力により解き明かすことなど、できないと思う。それにそんなことは、今さら我われ凡人が考えることでもない。所詮無駄なことで、徒労でしかないのだ。

そこでというわけではないが、このさいその記憶と想像力をつかって、今まで生きてきた自分の人生を振り返って、そこに楽しい過去の風景を想い出すのはいかがだろう。これは決して損になることではない。大いに楽しい、そして優しい風景がそこに繰り広げられることになる。それを是非やってみたい。と思い立って私はここに、名古屋に生まれ育った自分の人生の、それは誰にでもある幼い日の頃からのことを白黒映画の、やや不鮮明なフィルムを見る思いで再現したいと思う。

ところで私の幼児期というのは、大昔の、七十年以上も前のことをいう。最近著名な学者などが、人間は年をとったときに、自分の人生の遠い昔のことを想い出すように心がけると、それが刺激となって、より健康になり長生きができる、というようなことを言っている。しかし私はその言葉を信じない。だいたい人間の寿命は、健康な肉体いかんにかかっていると思っているので、昔のことを想い出したぐらいで長生きができると思ったことはない。

とはいえ昔のことといっても、心地良い、いかにも懐しい想い出もあれば、悲しく辛い想い出も人それぞれにあるので、ここではなるべく自分の気分の安まる、優しい風景や物ごとを想い浮かべるようにしたいと思う。これから先の寿命が延びるかどうかは分からないが、それほど努力をすることでもないから。

いま書店には、古い名古屋を回顧する本が数多く出ている。中には写真集などもあって、大正や昭和初期の風物を身近かに感じることができるようなものもある。さらにそこに写し出される建物などの由来や歴史などが、役所の関係資料などによって、こと細かに説明されてもいる。しかしそれで満足がいくというわけでもない。どうしてか。そのわけは、著者自身の姿がその場面には見えないからだと思う。読者にとっては臨場感がないからだ。

私がこの本を著すことになった一つの原因は、その懐しい場面に、自分の姿を写し出したいと思ったからである。由緒ある建造物を、資料でもって説明されるよりも、その建物の前に立った私が、何を感じていたかということを書いてみたいと思ったからである。そのほうが実在感があると。そのために文章が多少文学的になる場面があるかもしれないが、読者にはそれは了解していただきたい。

ここまで書いてくると、そんな昔のことをお前が知っているかと詰問されるかもしれない。しかし私は昭和七年生まれの、人間としては古手《ふるて》である。たいていの人よりは人生を長く味わっている。その年は五・一五事件が起こった年でもある。

ところがこの私の長い人生を思うとき、幼時期から小学生の頃の想い出は、今も続いている私の人生とは、別の人生のように思うことがあるのだ。つまりその時代は、私の人生の一部であるにしても、それは前世の出来事のように思うことがある。不思議な現象だがそれはたしかにある。

私がそう考えるようになった原因を少し考えてみた。一つには、過去のものへの記憶力の衰えということがある。しかしもっと大きなことは、時代の変化というか周囲の環境の変化が急激にあって、幼児のときに見ていたものが、眼前から突然消え失せてしまったからであると思う。

これにはたしかに理由がある。だいいちに、戦争末期になってアメリカの爆撃機による空襲で、名古屋市の主だった建物が焼失し破壊され、それが自分たちが住んでいる民家にも及んだということがある。戦後いち早く、その焼土の上に建てられた闇市のバラックの商店や家屋は、戦前にはないものだった。私の身の回りにあったものが一変したのだ。

それにもう一つ。これはもっと意味の深いもので、人の心が戦時中と戦後では変わってしまったのではないかということがある。そこには舶来の民主主義制度の影響があるかもしれない。また明治時代から続いた教育勅語が否定されたということがあるかもしれない。とにかく物の価値観が変わったことにより、人の心までが変わったような気がするのである。ここに明らかに、時代の断絶があったのだ。ゆえに私の幼年時代から少年時代にかけての人生は、今の人生にと続いたものではなく、やはり前世の人生だった、と思うのである。しかし前世というのは、また名状しがたいものではあるが、一方ではまた一種幻想的な世界でもある。

そういう考えもあってこの本では、自分の人生の或る部分に区切りをつけて、その時代のことを想い出していきたいと思う。そしてその時代とは、私の幼年時代から少年時代、さらに青年時代のはじめの頃、つまり昭和二十年代の終わりの頃までの、社会の動きを振り返ってみたい。

名古屋懐かしの風景——明治橋からテレビ塔まで

【目次】

はじめに　1

一　昭和の想い出　戦前の風景　11

明治橋から赤鳥居まで　14
名古屋花壇と日赤病院　20
水道公園から大正橋へ　28
中村遊郭とその界隈　35
小学校の想い出　68

二　昭和の想い出　戦中の風景　81

新名古屋駅の周り　82
広小路通りを行く　98
新愛知新聞と名古屋新聞　107

大須の盛り場と熱田神宮と……114
二つの動物園、鶴舞と東山……125

三　昭和の想い出　戦後の風景

三　昭和の想い出　戦後の風景……131
名古屋城炎上と戦争の終結……132
金の鯱の燃え滓……139
焼土の向こうに闇市が……155
アメリカ軍の進駐開始……166
鳴海球場と中日スタジアム……176
広ぶらを歩く……190
テレビ塔……207

おわりに……211

一

昭和の想い出　戦前の風景

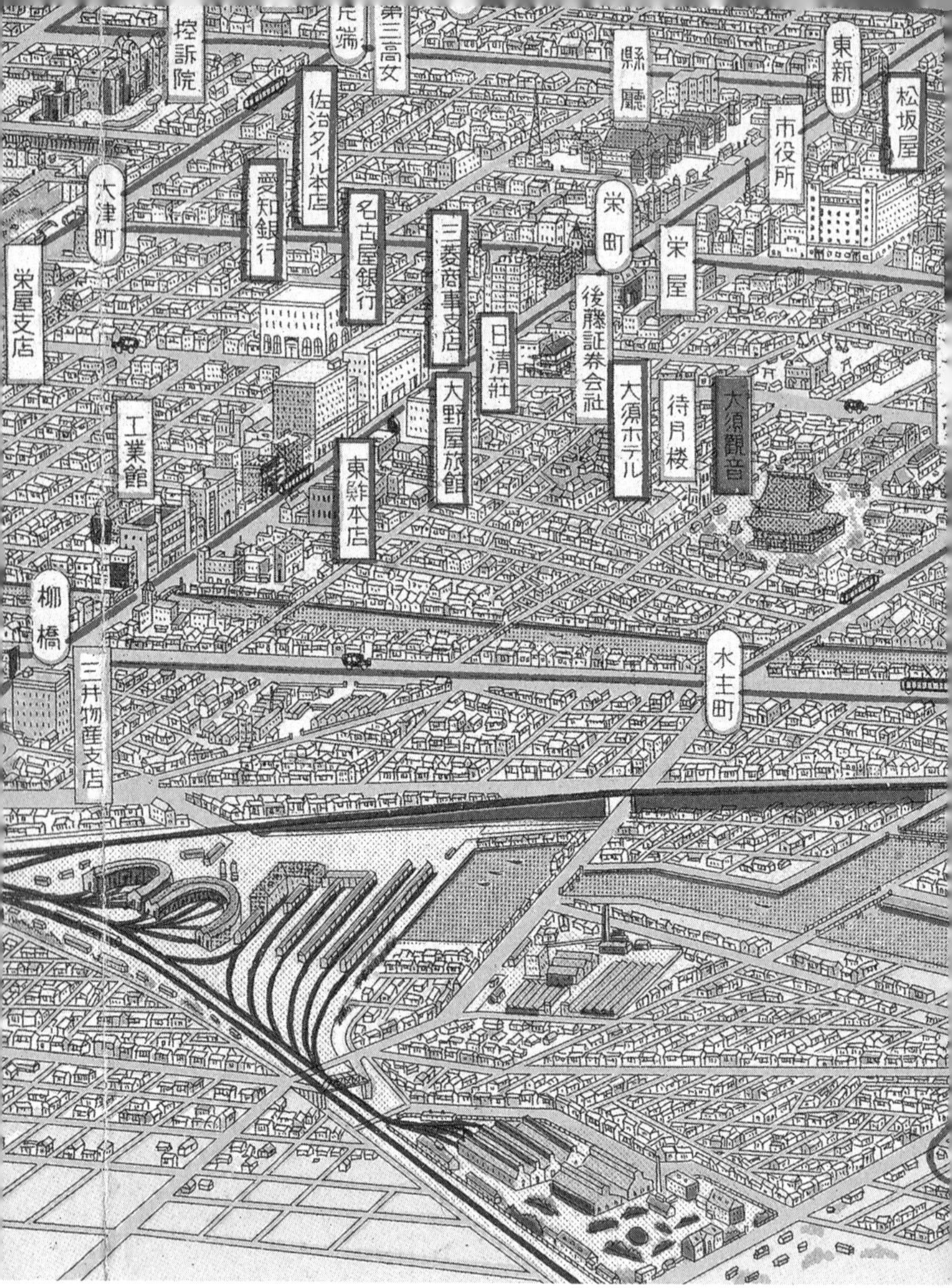
控訴院
第三高女
縣廳
東新町
松坂屋
市役所
佐治タイル本店
愛知銀行
大津町
栄屋支店
名古屋銀行
三菱商事支店
栄町
栄屋
後藤証券会社
日清荘
大野屋旅館
大須ホテル
待月楼
大須観音
工業館
東鮓本店
柳橋
三井物産支店
水主町

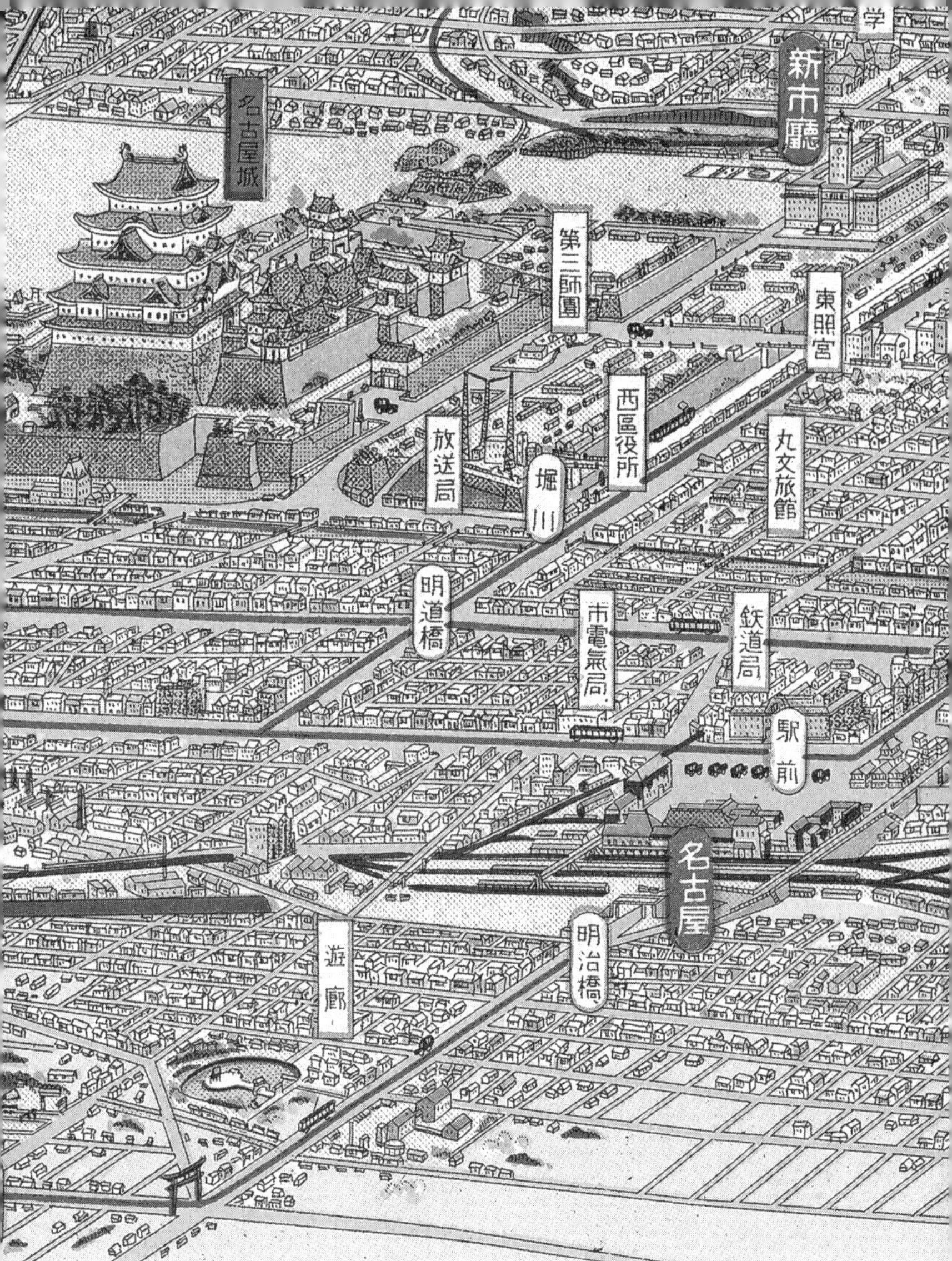

名古屋駅周辺の鳥瞰図　吉田初三郎　観光の名古屋市とその附近（昭和８年）
個人蔵

明治橋から赤鳥居まで

読者は、明治橋という橋のことをご存じだろうか。なんとなくロマンチックな感じのする、その名のとおり明治時代に造られた橋である。じつは私は、その橋の上にいたことがあるのだ。昭和十一年頃の話である。小学校へ上がる前の、満四歳ぐらいのことか。明治橋は明治三十四年に造られた。記録によると幅は七メートル余、長さが一四メートル弱で、長さも幅も当時としてはそんなところか。ただ造られてから五十年ぐらい経っているので、木造ということもあって、その間に一、二度は造り直されているかもしれない。そしてその橋はどこに架かっていたのか。川の上かどこかの池の上にか。しかしそのどちらでもない。じつはその橋は、陸地の上に架かっていたのだ。しかもただの陸地ではない。鉄道線路の上に架かっていた。そこは今のJRの名古屋駅の南、笹島の交差点の少し西の地点にあった。

明治橋　服部鉦太郎『名古屋再発見—歴史写真集』

その頃の私は、父の自転車に乗せられて、あっちこっちとよく動き回っていた。当時幼児を自転車に乗せるには、専用の小さな椅子があって、それをサドルとハンドルを支えた鉄棒を跨ぐようになっていた。これなら安全である。今はこれはない。子供は後ろの荷台に腰かけて、親の体にしがみついている。

このとき父は自転車を止めて橋の左側の隅に寄せ、片足を橋の欄干の上に乗せて、私に向かって「あれを見よ」とでも言ったのか。そう言われて私も、小さな首を左に曲げて下を覗きこんだ。そして間もなく、私の眼下に突然大きく黒い物体が現れて、それが前の方にと動いていくのである。私は一瞬それに見とれた。その黒い物体とは、機関車だったのだ。煙は吐いていていない。スピードもそれほどない。間もなく駅に到着するからなのだろう。しかしそんなことは幼い私には分からない。

機関車は後ろに何台かの車輌を引っ張っていた。客車か貨車かは分からない。それを真上から見ている私には、その屋根だけしか見えなかったからだ。汽車は黒い列となってその向こう側に見える、これも黒いプラットホームの中に消えていった。それが当時の名古屋駅だという意識は、私にはまったくなかったし、父からもその説明を聞いたこともない。私の明治橋の想い出はそこで終わりだった。

その後、新しい名古屋駅の駅舎が竣工して営業を開始したのが昭和十二年二月のことで、明治橋はその前に撤去された。

当時、明治橋の上を電車が通ることはなかった。橋が木造で、その重みに耐えられなかったからだろう。そこでその頃にはすでにあった市内電車は、明治橋の西の袂から中村の在《ざい》の方向にと走っていたのだ。市内電車とは、郊外電車に対してそう言ったのであって、のちにいう名古屋市の市電とは違うものだった。それは民間の会社が開設したもので、明治橋から中村公園前までの区間を走っていた。

中村公園とは、その土地の一郭に豊臣秀吉の生誕地とされる場所があり、これにより秀吉を祭神とする豊国神社が設立され、のちにその辺一帯を公園とし、愛知県がその工事をおこない開園に至ったものである。明治三十年代から大正十年頃までの間に、いろいろ紆余曲折があったのだ。

赤鳥居　名古屋市提供

電車は途中四つぐらいの停留所があって、終点の中村公園前の停留所の傍らには、巨大な赤い鳥居が聳え立っていた。コンクリート製で高さが二四メートル、二本の柱の間は一八メートルというまさに大鳥居だ。これはもちろん豊国神社の一の鳥居というものだが、社殿まではまだ七〇〇メートルもある。人間はしばし

中村線電車の外観とその内部　中村線開通記念絵葉書　高橋敬子氏蔵

ば巨大なものには憧れと畏敬の念をもつものだが、私たち子供も、遠足などでそこを通るたびに驚きの歓声を上げるのだった。ただ私たちはその頃、それを大鳥居と言わずに、赤鳥居と言っていたような気がする。

この赤鳥居が造られた所以《ゆえん》は、中村の在だったこの地方が、名古屋市に編入されたことにより、それを祝って立てられたものだという。昭和四年のことである。

ところが電車は、そこでは終点とならず、そこから直角に曲がると豊国神社の前まで線路が延びていたのだ。例によって私は、自転車に跨りながらその光景を見ている。豊国神社の前から、電車が赤鳥居の方に向かっていく光景はたしかなものである。ただこの区間は、乗客も少なかったのか間もなく廃線になった。やむをえないことである。

この明治橋から中村公園前までの区間には、停留所が四カ所あった。東から笈瀬《おいせ》川、藤の棚、大門通り、楠木橋、中村公園前という順である。その沿線にはめぼしい建物はなかった。ただ一本中へ入った処には立派な、記念すべき建造物がいくつもあったのだ。それを挙げてみる。

まず挙げられるのは中村遊郭だろう。いわゆる悪所である。社会的には決して褒められた場所ではないが、日本の風俗としてはまったく否定されるべき処でもないのだ。文化の一つだという言い方は少し言い過ぎか。ただこの中村遊郭は、私が住んでいた住宅地とは隣町になり、それは周辺のほかの町でも、少なからず関係をもつことになる。このためこのことについては、別に一章をもうけて話してみたい。

名古屋花壇と日赤病院

電車道から中村遊郭へ行くには大門通りからである。その大門を少し西へ行くと、南北にやや広い道に出る。さらにその道を南に一五〇メートルほど行った西側に、当時「名古屋花壇」という建物があった。幼いとき、母親たちの会話の中では、そこを花壇とだけ言っていた。花壇とは、夥《おびただ》しい何種類もの花が咲きほこっている園《その》のことを言うのだろう。しかしそのとき、そういう景色など私の頭の中では見ることもできなかったのである。

花壇とはいったい何ものなのか。それは私の幼児のときの想い出としてはとても懐しい場所であったにもかかわらずである。成人して、私はやっとその意味を知った。すなわち、花壇とはまさにその名のとおり花壇だったのだ。それも途方もなく馬鹿でかい広さにあった花壇なのである。電車通りを挟んで南北に約一キロ半、東西一キロにわたっ

名古屋花壇　中村区役所蔵

て、一面に菜の花を咲かせた花壇が広がっていたという。そしてその南端に造られたのが名古屋花壇で、それは菜の花とはまったく関係がない。花壇はやがて整地されて、その跡は次第に宅地化されていった。

　東西にかなり長い鉄筋コンクリートの建物は、二階建てで一見倉庫のようだが、いくつもある縦長の大きな窓の中は、一大歓楽街となっていたのである。歓楽街という言葉に少し語弊があるとすれば、そこは庶民の憩いの場だったのだ。横に長い内部には芝居の舞台や浴場、それに食堂や床屋や美容室など、その他庶民が要求するあらゆる施設があった。

　そこへ入るにはもちろん入場料を払うことになる。また各施設へ入るのにもそれは必要だったと思う。しかしそれほど裕福ではない庶民相手のことだ。彼らが負担するのに無理のない程度のものであったに違いない。

ある日、私はその中にいた。母と近所の小母さんとその子供と一緒だった。小母さんというのは私の家の前に住んでいる、母よりはひと回り年上の方で、千葉の田舎町から出てきたばかりの母は、その女性にはいろいろ世話になり、また方々に連れていってくれた。その一つが花壇だったのだ。

その日私たちは、建物の中央部にあった広場の床に座っていた。板敷の床ではなく、籐《とう》の敷物の上に座布団を敷いていたのかもしれない。そしてそこで何をしていたのかというと、みんなで寿司を食べていたのだ。それも刺身などという上等なものではなく、巻寿司だったと思う。すでにその頃には、何か見世物でも見終わったあとで、互いに寛いでいたのだ。

私はその光景をいつも懐しく思う。大人も子供も満足感にひたっていたのだ。そして幼児のときのいろいろな想い出の中でも、花壇という言葉の響きには郷愁のような想いがこみあげてくる。それこそ前世の懐かしい想い出である。

ところがその楽園も、開場してから十五年足らずで閉鎖されることになった。その頃

日本赤十字社愛知支部名古屋病院（昭和 12 年）　名古屋市鶴舞中央図書館蔵

私たちが住んでいた町は西区の中だったのが、昭和十二年には新しく中村区となり、これを機にいろいろな施設が閉鎖されたり改造されたりしてそうなったのだ。「花壇」はいま中村郵便局に変身している、残念なことに。これも私の前世の出来事だったのか。

　名古屋花壇とは反対方向に、電車通りを北に行くと中村日赤がある。いま日赤病院は八事にもあるので中村と言っているが、当時は病院とも言わずに、日赤とだけ呼んでいた。それだけとおりがよく、周りの住民からは親しまれていたからであると思う。

　病院は中村遊郭の西に広がる敷地に建てられることになっていた。ところがその敷地の一郭に、それほど大きくない池があった。そこを遊里ヶ池という。読んで字のごとく、隣の遊郭に囲われていた遊女に関するもので、その名は優雅な響きではあるが、そこには哀れさが感じられる。彼女たちの、それは決して少なくない人数の女性が、楼主たちの苛酷な仕打ちに耐えかねて、そこに身を投じたところだというのだ。しかし今はその話は別としたい。

その遊里ヶ池は、日赤の建設のためにやがて埋め立てられることになった。その工事が始まった頃か、ある日の夕刻、父はまたぞろ私を引っぱり出して自転車の前部に乗せた。そして向かったのは遊里ヶ池だった。私の家からは一キロぐらいのところである。そこにはすでに大勢の群衆が集まっていた。私は池のことを知らない。群衆はその池ではなく、池から南の方に流れ出ている、溝川《どぶ》のような川を前にして立っているのだ。父は自転車を立て、私はそのままの姿勢でその時を待った。しかし何ごとも起こらない。群衆は騒ぎ始めていた。

じつはこの日、水上飛行機が飛来して遊里ヶ池に降り立つというのである。もちろん私は何のことか分からない。しかし大人たちは、前代未聞のこの大事《おおごと》を固唾をのんで待ちかまえていたのである。飛行機はだいたいたいが空高く飛ぶものである。それは誰もが見ることができる。しかし水上飛行機などふだんから馴染みもなく、それがこの近くの池に飛んでくるなど、想像もできないことだ。ところが間もなく、それが現実のものとなってきそうだった。

爆音、というほど大きなものではない。その音が左の方角にかすかに聞こえたかと思う次の瞬間、待ちに待った水上飛行機が突然飛来して、私たちの目の高さよりももう少し高くを、あっという間に右の空に飛んでいったのである。そのあとその水上飛行機は、二度と私たちの目の前に現れることはなかった。私の記憶はそこまでだった。

今から考えても水上飛行機、それは多分軍用機と思うのだが、それが池ともいえないような遊里ヶ池に、着水したり滑走することなど、どだい無理な話なのだ。当時遊里ヶ池では花火大会などもあったと聞くが、多分これも、そういった行事の一つだったのだろう。人騒がせな話だ。しかし幼い私にとって、実物の飛行機が、目の前をスピードを上げて飛び去っていった光景は、強く脳裏に焼きつけられた出来事だったのだ。

日赤病院はこうした経緯があって建てられた。日赤のことを、正式には日本赤十字社愛知支部名古屋病院という。昭和十二年の竣工というから、この頃の名古屋は威勢がよく、名古屋駅や東山動物園、それに名古屋市の新庁舎などと、次つぎと大きく立派な建物や施設が造られていった時代である。中村遊郭のすぐ西側に隣接した場所に造られたが、そういう拘《こだ》わりはまったく感じられなかった。市民にとっては頼りになる、そして親しみのある病院だったのだ。その意味は、貧乏人にとってもということである。

建物の様式など専門的なことは私には分からないが、車寄せのある正面玄関などは、建物全体の色合いや構造と調和がとれて、じつに堂々としたものだった。私たち患者は、その玄関から出入りした。

私はここで三回手術を受けた。小学校の四年生のときに盲腸の手術をした。これはすでに手遅れだったので、手術は二回もおこなわれ、私はやっと一命をとりとめたのだ。入院は一カ月にも及んだ。このことは想い出したくもない。

二回目は中学の一年生の頃だったかに、アデノイドを切除してもらった。これは喉の奥にできる腫瘍のようなもので、ほっておくと頭が悪くなるというので、母が慌てて日赤へ連れていってくれたのだ。そして三回目は自転車を運転中に転んで、チェーンカバーで足の指の間を裂傷して、これも曲がった針で縫ってもらったのだ。麻酔もなく、かなり痛い手術だった。

その術後に、私は二、三回日赤に通った。家からは一キロほどと近かったので、私はのんびりとした気持ちで、ぶらぶらと一人で日赤に向かった。そして治療後は看護婦さんたちの詰所の前を通るので、外から婦長さんに頭を下げて挨拶をした。とそのとき、婦長さんから思いがけないことを知らされたのだ。間もなく病院に、高松宮殿下がお見えになるというのである。私はびっくりした。高松宮といえば、天皇陛下の弟君にあらせられるお方だ。そのお方がここにおいでになると聞いて、私はその場にいることの幸運を思った。それは信じられないようなことだった。

私は病院の正面玄関から少し間をおいて、反対側の植え込みのようなところに立った。その間は三〇メートル足らずしかなかった。辺りには誰もいない。すると間もなく、玄関に病院の関係者らしい人が数人現れた。みんな黒っぽい上着を着ていたが、周りには人影もなく、警備などというものは何もない。

やがてほとんど時間も置かずに、黒い車がすっと門から入ってきたのだ。そして玄関の車寄せまでくるとすぐにドアが開いた。降り立ったのは、まさに高松宮殿下だったのだ。長身痩躯というのか、いかにも颯爽としたお姿だ。出迎えの関係者に近寄って、二言三言の言葉のやりとりがあったのだろう。そのあとは足早やに玄関の奥へと消えていった。互いに儀礼的な挨拶も所作もない、あっという間の出来事だった。

私はその一部始終を見ていたのだ。僅か一分ぐらいの時の流れだった。しかしその光景に、私は子供心に、いかにも爽やかな気分を感じていた。戦後になって天皇ご一家は、開かれた皇室ということで関係者が心を砕いてきたところであり、なかでも高松宮に関しては、そのお振る舞いの一つひとつが、市井の間で好感をもって受け入れられていたのである。私は幸運にも、そのいち場面に出逢ったことになる。春だったか秋だったか。その日は太陽の光が燦々《さんさん》と輝いて、まるで良き日を讃えるような日となったのである。

この日赤の建物は、老朽化により近年になって全面的に建て替えられ、八事の第二赤十字病院とともに現在に至っている。

水道公園から大正橋へ

赤鳥居から少し西へ行ったところに、水道公園という緑地帯がある。それほど広くもないし、大きな樹木もない。正式な名前かどうかは分からないが、小学生の頃から私たちはそう呼んでいた。じつはそこに巨大な建物が聳え立っているのだ。これも正式な名前は知らない。建物は丸く円筒形のもので、高さは三〇メートルもあるのか、直径もかなりある。そのため円筒というよりも、臼のようにどっしりと構えているのだ。

じつはこれは名古屋市が造ったもので、正式には稲葉地配水塔といい、昭和十二年に完成したものである。赤鳥居の西といったが、そこはもう名古屋市の郊外ともいえるところだった。道の舗装は赤鳥居までで、そこから先は、自動車などが通ると砂煙をもうもうと上げて、歩行訓練ちゅうの私たち小学生は、何か罰をくわされているように、舞い上がる砂塵の中に身をおいたのだ。その後市電も通るようになり、今は舗装されている。

私が初めてその建造物を見上げたとき、その大きさに圧倒された。形もよかった。ほかのどこでも見たことのない個性的な建物に、名古屋にこんな建物があったのかと驚き、しかもどこか誇らしげだった。

この建物が配水塔だったというのは過去のことで、このときはすでにその役目を終えていた。名古屋市の隣町に、同じような立派な施設が造られたのだ。しかし役目を終え

配水塔と稲葉地プール　中村区役所蔵

たといってこの配水塔が撤去されることはなかった。それは幸運だった。いまその建物は、演劇関係の練習施設になっているという。

　私はここで想いだした。もう三十年も前に、イタリアへ旅行したときのことを。そのときピサへ行ったのだ。例のピサの斜塔があることで有名なところだ。その斜塔へは、当時傾きがひどく、これ以上は危険だということで、そこへ昇ることはできなかった。ところがその近くに洗礼堂という建物があった。その名のとおりここでの洗礼の式が、厳粛におこなわれるというのである。そしてその建物の外観が、ここの配水塔にその大きさなどが似ていることに気がついたのだ。

その時のパンフレットをみると、高さが五五メートル、直径が約三〇メートルとある。配水塔より少し高いが、胴周りはほとんど変わらない。建物の頂上部分はドーム型になっていて、そこだけが少し違う。そして二階部分の胴周りの周囲には、細い丸い柱が、おそらく百本ぐらいも取り巻いているのだ。配水塔とそっくりというわけにはいかないが、全体の感じが似ている。問題は内部がどうなっているかだ。

私は洗礼堂の内部に入った。とそこはまさに、洗礼のためだけの堂だった。入口から入ってすぐのところに、大きな浴槽のようなものが置いてある。じつはここでの洗礼の儀式とは、それを受ける信者が全身をその中に置くのである。私がヨーロッパ各地の教会で目にしたのは、入口附近にある洗礼盤であって、それは略式の洗礼のためのものか。

堂の内部は、ほかにカトリック特有の装飾的なものはほとんどなく、天井まで吹き抜けの構造になっている。そして内側の周りには、各階ごとに回廊が設けてある。私はそのいちばん上の三階まで上がって下を見下ろした。それを見て玄関附近にいた守衛らしい男性が、両手の掌を合わせて、パチンと叩いて鳴らしたのだ。すると突然、そこに発生したであろう掌を打った音が、数秒という短い間に、天井附近にまで大きく拡がるようにして届いた。しかもその音が、上にあがるにしたがって微妙に変化しているのだ。

私はびっくりした。階の下で発した音は、上に届くまでに、音色《ねいろ》が変わるほどにふくよかに変化しているのだ。それを何というのか。妙《たえ》なる音か。不思議な体験だった。

私は配水塔の内部のことは知らない。しかし前にも述べたように、人は巨大なものを前にしたとき、その大きさに畏敬と憧れを感じるものである。配水塔を初めて間近かで見たとき、それを感じた。私は配水塔の中へ入るかわりに、その外観をゆっくりと眺めることができた。そして塔の中の事物を眺め回すことよりも、このほうがより満足のいくものだと思ったのである。ここでもう一度、外国での例え話をしたい。

スペインのバルセローナに、サグラダ・ファミリアという、とてつもない建造物があるのを読者はご存じだろう。アントニオ・ガウディによって、十九世紀末から建設工事が始められたが、百年以上経ってもまだ完成をみない。名のとおりの聖家族教会である。

私は数回そこを訪れたが、今はさすがに完成間近かというほどに、工事は進んでいた。そしてその内部を観るのに、しばしば首を九〇度に傾けて仰ぎ見ることになる。これはたしかに苦痛でもある。そのあと私は、外からその外観を見るのだった。そしてほぼその全貌を眺められる位置まで行く。すると、ちょうどその近所に、数軒の飲食店が並んでいるのだ。テーブルと椅子を置いたテラスも設けられている。店にとっては、その辺りから教会の建物を観るには絶好の場所だということを承知しているのだろう。私はもちろん、そこに腰かけることにした。

そこからは奇っ怪なサグラダ・ファミリアの建物が、ちょうど絵はがきに収まる程度の大きさで眺めることができるのだ。日差しの明るいときには、建物も輝いて見える。教会には表と裏があるが、裏の方から眺めたほうが眺望も利いて、より伸びやかに見える。そしてなぜか贅沢な気分になる。私は稲葉地の配水塔を、そういう気分で外から眺めたいのだ。

それにはまず、公園の入口から配水塔に至るまでの敷地を、それらしく整地する必要がある。私が行ったときには草が茫々だった。そのためにはその辺りに花壇などを設け、さらにベンチを置き、できればテラスなどを設けるなどしたらなお良いと思うのだがどんなものだろう。そうなれば遠くからの市民も、わざわざここへ足を運ぶというものだ。

そしてさらに言うなら、あの赤鳥居と配水塔を一つにして、その間を繋ぐ遊歩道的なものをつくることである。

名古屋といわず日本の都市の道路は、主として自動車のためにあるようなものだ。これはヨーロッパの国々と比べて非常に見劣りがする。国によっては歩道と自転車専用道路に、かなりのスペースを割いている。それが本来の姿だろう。そこで配水塔と赤鳥居という、二つの巨大な建造物の間を往還するための、せめて歩道だけでも遊歩道として整備してはいかがなものだろう。道路の途中には、ベンチやそれこそテラスを置いてもよい。そのことが広く報《し》れれば、遠くからでも多くの人びとが見物に訪れると思う。だいいち歩くということは、健康によい。決して贅沢は話ではない。

　ここでついでにと言ったら語弊があるかもしれないが、赤鳥居から水道公園まで来た遊歩道は、さらに西に延びて大正橋まで行く。すなわち庄内川に架かる橋で、その先は津島まで通じる。そこまで行けば、もうこれからはジョギングコースとなり大いに健康的なのだ。このためにはおそらく車道に対して歩道を拡げなければならないだろう。そこは行政側の判断と決断になる。市民はきっと後押しするだろう。

　かつて大正橋は、私が小学生の頃は赤い山型の大きな鉄橋だった。庄内川の堤防に架かるその橋は、子供が見ても美しい、これまた大きなものを見る憧れの風景となっていたのである。赤鳥居と水道公園と大正橋。いまこれを繋いで一つのルートという発想は、必ずしも夢物語ではなく、また軽視されるものでもない。名古屋の人間は宣伝下手だと往々にして言われるが、そうではないことを大いに宣伝してはどうか。

中村遊郭とその界隈

その一

かつて大須にあった旭遊郭が、大正十二年にこの地に移って中村遊郭になったということは、つとに知られているところである。その町づくりは極めて計画的で、幾つかに仕切られた道路に面して立つ紅楼は、東京吉原の次ぐらいに立派なものだと、自慢げに言う輩《やから》もいる。

たしかにそこは、建物は洋風に、道路は広く見栄えはよい。東西南北に、約四〇〇メートルの敷地の中にある。各々の町名も、北から日吉町、寿《ことぶき》町、大門町、羽衣町、賑《にぎわい》町と花街らしい名がつけられている。日吉町とは、豊臣秀吉の幼名に因んだもの。彼は中村在《ざい》の生まれということになっている。

当時私たち一家が住む町は、その遊郭の東側に隣接していた。当然遊郭とは何らかの関わりをもつ。私が物心ついたこの頃に、この辺り一帯が西区から新しく中村区になった。そしてその区の下に聯区という組織があり、その行政区域が細分化されると町内になり、さらに組になるのだ。なかでも聯区というのは、ある程度まとまった大きさで、住民もその中にあることを意識する。また聯区というのは、そこにある小学校の周りにある住宅地を指す。そしてそこには各々の歴史がある。

昭和十四年に私が入学したのは則武《のりたけ》小学校といって、中村区のほぼ真ん中にある。学校は寺小屋を始まりとして、明治の初期に建てられたもので古い。その小学校を中心とした聯区のなかに四つの町があり、それもだいたいが一丁目から四丁目か五丁目ぐらいの集まりとなっている。

そのなかでも私たちの町はいちばん新しく、地元の名士や地主などという人物はいなかった。そして新しいだけに、住民は他の地区や近在、いわゆる在、つまり田舎から移り住んだ家族が多く、他の地区よりは活気があった。私の父も東京から移ってきたのだ。いまは聯区のことを学区という。

その聯区にもう一つの町があった。それが中村遊郭の一帯だった。小学校からは、いちばん遠く、しかし人口は多かったのか。いま考えても、町そのものは広いが普通の住宅地ではない。果たして小学校へ通えるだけの子供が何人いたか。ところが一年生の私の組には、その地区から通っている子供が四人もいたのだ。組は約五十人と多かったにしてもだ。

私たちはその遊郭のことを新地《しんち》と言っていた。新地とは他《ほか》の地区にもある新開地というようなところで、概してそこには花街などが設けられる。しんちという言い方は子供も大人も同じだったが、そこにはどこか親しみが感じられた。もちろん私たち子供にとっては、その意味は分からなかった。ただ私の父は、しんちではなく郭《くるわ》と言っていた。

小学校に入ったとき、私には早速二人の友だちができた。それが二人とも新地の子供だった。彼らは裕福な家庭の子らしく身なりもよく、服など上等なものを着ていた。それに頭もよく、他人に優しかった。女の子もそれは同じである。

二人にはもちろんそれぞれに個性があり、それに住んでいるところも違っていた。これらは彼らの父親、つまり遊郭の楼主にも格差があるのか、一人の友だちは遊郭の外の住宅地に家を持っていたのだ。黒塀に囲まれた大きな家で、家の中は部屋など大きく立派で、子供が大声を上げて騒げるような家ではなかった。そこで二人は、「講談社の絵本」を互いに読み合ったものだ。

ところがもう一人の友だちは、それこそ遊郭の中に住んでいたのだ。ある日私は、その友だちに誘われてその家に遊びに行ったことがある。彼が住んでいる家とは、遊郭のいちばん端にある遊女屋そのものだった。彼らの家族が、外に住んでいたかどうかは分からない。しかし私はその友だちが言うがままに、そこに登楼したのである。子供のくせに。

家の中はそれほど広くはなく、入ってすぐのところの真ん中に池があり、その周りが廊下になっていた。そしてさらにその廊下に面して障子戸によって閉められた部屋が幾つもあったと思う。ただ部屋の中などを覗いたことはない。二人は池を眺めながら廊下に座っていた。走り回ることもなく、ただ座っていただけだった。何のことはない。

二人の遊びはそこまでだった。帰りがけに、友だちが黄いろい飾り紐のようなものをくれたが、私はそれがどういうものかも分からなかった。私の遊郭での遊びはここで終わった。その間、彼の母親らしい女《ひと》は一度も顔を見せなかった。ただそれだけのことだったが、それでも私は、彼の家へ遊びに行ったという意識を、心の内でもつことはできた。

ところがその友だちとの遊びは、部屋の中でただ正座をしているだけのものではなく、もう一つあった。外へ飛び出していって歓声を上げることもあったのだ。遊郭の家々は、区画された道路によって建てられているといったが、じつはその家々の間には狭い抜け道があったのだ。外からは見えない。

ある日友だちは、私を連れてそこへ案内してくれた。そしてある場所へくると、建物と建物の間に、僅かに隙間があることを教えてくれたのだ。友だちはすかさず、表通りに面してある板戸の扉を開けたのだ。そして自分はその中に飛びこむと私を手招いた。するとそこには、幅が二メートルほどの細い通りがあった。それがずっと奥まで続いている。私はこんなところに、こんなものがあるのかと意外に思った。

友だちはそこで突然走りだすと大声をあげ、その声が狭い空間に鳴り渡った。私はそんな友だちの姿を今までに見たこともなく驚いたが、私もすぐに彼と同じように大きな声をあげて走りだしたのだ。そこは通りと呼べるようなところではなく、またかんしょとも違う。家と家との間を仕切っている、道のようでもない空間だったのだ。二階建ての家々の間に、僅かに青空が見える。空間の先は真っすぐにも、また右にも左にも行くことができ、やがて向こう側の広い通りへ抜けられるのである。

ここは部外者は誰も知らない、遊郭の関係者だけが知っている空間だった。子供とはいえ、友だちもまた遊郭の関係者だったのだ。ここには子供の遊び場としての遊園地もなく、また砂場もない。また駄菓子屋もない。子供たちにとっては、この狭い空間だけが遊び場だったのか。

遊郭は周りの住民にとっては、一種親しみのあるところだった。他所《よそ》の人からみると怪訝《けげん》に思われるかもしれないが、事実はそのとおりである。その頃遊郭では夏祭りというものがあって、夏の日の夕方から夜にかけて、大勢の人びとがその中を散策するのである。しかもその大勢の人びとというのは、周りの町内の人びとのことをいう。遊郭の関係者が呼びかけたかどうかはしらないが、とにかくそこには大人も子供も関係なく人びとが集まってくる。

遊郭の夜は、日頃でも明るい。しかしこの日の夜は、どこにどういう仕掛けがあるのか分からないが、とにかく明るく輝いて見える。その中心部に私は父と立っていた。周りの人びとはほとんどが浴衣姿かそれに近い服装《なり》をしていた。通りの中央を棒を組み立ててつくった屋台に、セルロイドの仮面や駄菓子を並べたリヤカーが通り過ぎていく。舞台で踊りを見せるでもなく、綿菓子を売る店がある程度のことだが、それでもそぞろ

中村花街　『明粧 夜の名古屋』（東邦電力株式会社名古屋支店）　大門屋蔵

歩きの群衆の表情は浮きうきとして明るかった。遊郭の関係者が、そこを周りの町内の人びとに開放するという意味で、こんな行事がおこなわれたのかもしれない。

街の中央に、玄関に赤いガラス球をぶら下げた派出所があった。その前で五、六人の男たちがたむろして、何か揉めているようだった。サーベルを下げた巡査がそれを宥《なだ》めている。祭りには必ずこういうことがある。しかし結局何ごともなかったようだ。この夜の私の記憶はここまでだった。

周りの住民にとって遊郭が親しみ

昭和初期の中村区大門通り　『廓の葉那　阿多くらべ』　自然誌古典文庫蔵

があるところだと言った一つの理由は、ここが彼らの生活道路であるということである。街の中央で十字に交わる広い道路は、ことに昼間などは誰でも通るところなのだ。私や母などは、日赤へ行くときには必ずここを通った。また近隣の住民にしても、市電の停留所へ行くにはこの道しかない。そして子供にしても、用があるときにはここを通るのだ。

ある日の夕刻近くになった頃、私は年下の子供たち三、四人で通りを歩いていた。顔見知りでも何でもない彼らだった。どこからか私の後ろにくっついていたのだろう。そしてとある店の前を通り過ぎようとしたとき、中から突然女性の声がした。

「坊や、こっちへおいで」と。

そのとき店の玄関の上がり端《はな》には、四、五人の女性が座っているのが見えた。そろそろ仕事が始まる時刻だったのだ。声の主はそこにいた女性からだった。

私の後ろについていた子供もまた、呼ばれたのは自分なのだと悟った。そして一瞬私の顔を見上げるとすぐに、しかし怖ずおずとしながら、その声の主の方へと入っていった。私が見たのはそこまでだった。残った私たちは歩を緩めることなく先に進んだ。

件の少年はそのあとどうなったか。多分少年は、その女性の傍まで行って、さらに一言二言声をかけられて、笑いながら饅頭をもらったのだと思う。これはよくあることだ。しかもここだけではなく、世にある花街で働く女性たちの、一つの逸話として語られることが多い。そして一部の識者らは、次のように説明する。彼女たちは故郷《くに》に残した弟のことを想い出してそうするのだと。そこには貧困に喘《あえ》ぐ農村の姿があり、彼女はその犠牲者だと。その言葉は、こうした社会的な現象に対して否定的なものである。しかし私は、この場合必ずしもそうは思わない。

たしかに、このような女性の境遇はそのとおりだと思う。そのために社会を変革する必要があると説く。これもそのとおりだろう。しかしここで私が見た女性の態度は、それほど深刻なものではないのではないか。彼女は通りがかりの少年を見、自分の弟を想ったかもしれない。またことによったら、弟などいなかったかもしれない。けれどもその女性が少年を呼びとめ饅頭を渡したということは、一種の母性愛からでた行為ではなかったのか。そのときの私の気持ちは、多分優しく気持ちのよいものだったと思う。ただ、いま当時のことを改めて振り返って考えるとき、やはり彼女の身の上を辛く想うのもまた事実である。

別の日の昼間、私はやはり遊郭の中の通りを歩いていた。すると頭の上、つまり店の二階あたりから、三味線の音が聞こえてくるのに気がついた。それはゆっくりとした爪弾きのようなので、いかにも長閑《のどか》なひとときを感じさせる一瞬だった。例の女性も、きっと三味線ぐらい弾いていたのだろうと思う。

その二

中村遊郭の東に隣接する私たちの町は、中島町といって一丁目から四丁目まであり、名古屋駅と日赤や遊郭の中間にあって、その連絡道のようなところだった。表通りに面した家屋はほとんどが商家で活気がある。まず薬局がありその隣が米屋。それから八百屋、うどん屋、酒屋、紙屋、呉服屋、旅館、床屋、小料理屋、それにカフェーなどと、夜も店によっては遅くまで明かりが灯っている。

表通りから一本中に入ると、そこはもう個人の住宅地だ。貧乏長屋というわけではないが、全国どこの都会でもそれは同じで、庶民の生活の場である。長屋住まいといっても、別に恥かしがることはない。当時の日本人はほとんどがそういう生活をしていたのだ。我が家もそれは同じである。ただ一軒だけ通りの端に大きな家があった。少し離れたところで、工場を経営している事業主の家だ。

町内は、幾つかの組により成りたっている。地域の組織としては組は最小のもので、だいたい七、八軒がその組の中にある。ところが私たちの組の住人には、少し変わった人物が何人かいて、他所の組とは違っていた。

その中で一人の男がいた。齢は四十五ぐらいか。白髪まじりの坊主頭で顔は四角い。体つきはがっしりとしているが短軀だ。そしてよく喋る。他人が聞いていて不快なことはないし迷惑でもない。話好きの好々爺である。

その男は私の父とは話が合うのか、よく家へ来ては玄関先に腰かけては話しこんでいた。ところがその男が父に話したところによると、自分は若いときはやくざだったというのである。侠客などというそんな気の利いたものではない。長野県の田舎から名古屋へ出てきてしばらく、どこかのけちな親分の下にいたのだろう。だから何年か経ってか、その仕事を簡単に辞めることもできたのだと思う。

その頃では元やくざという身分だった。やくざのOBといったところだ。そしてこの話は、私の父以外の誰にも話していないと思う。別に秘密にするというほどのことでもない。その後は町内の世話役のようなことを、自ら引き受けていたのだ。それだけに顔は広く、私の父ともよく話していたのだ。

彼には妻があった。そのうえ子供もあったのだ。ただ子供といっても養女で、俗にいう貰い子だった。その頃で十六、七だったか。その妻もまた普通の女人《ひと》ではなく、仲居だったのである。仲居さん――。普通の人にはあまり馴染みのない職業の人だった。

仲居とは遊郭の中で、主にそこに囲われている女性と客の間を取りもつ役を担う女性のことをいっている。つまり遊郭へは通いの仕事ということになる。そのためその仕事の性質上、郭《くるわ》のことは何でも知っている婦人でないと務まらない。だから時により、遣手婆《やりてばばあ》と言われることもあるが、これは人による。

その仲居の小母さんは、小柄で愛嬌があって、いつもにこにことしていた。そして如才ない面もあって、近所の人との付き合いもよかった。だから難しい、元やくざの旦那ともうまくいっていたのだと思う。

町内にはもう一人の仲居さんもいた。この女人《ひと》は少し大柄で、寡黙で人前へはあまり出なかった。仕事がある以上、遊郭へは必ず出入りするのだが、私はその姿を見たこともない。ただ思うに、すでに大年増になっているその姿は、いかにも孤独に見えた。これも遊郭の界隈に住む人びとの、人間模様の一つというのか。私たちの親はこの仲居のことを仲居さんと呼び、郭の中の女性のことをおやまさんといっていた。子供の私でも、おやまさんと言ったことはあると思う。なにしろ遊郭の中を、しょっちゅう徘徊していたのだから。しかしそこには、彼女たちを蔑むのではなく、どこか親しみのこもった雰囲気があったのも事実なのだ。

元やくざの男には養女がいるといったが、それらしい女の子はほかにもいた。女の子だけでなく、男の子でもそういう子供がいたのだ。私はその男の子の家へ遊びに行ったことがある。同級生だったからである。

狭い裏通りに面してその家はあった。道路沿いに高い塀があり、正面には門があった。表からは中の様子はほとんど見えない。門を入るとすぐに玄関があり、左右に一間ずつの部屋があった。二部屋だけの家である。そこはまさに妾宅だった。友だちは妾の子だったのだ。

　そのときその母親が顔を出したかどうかは、記憶はない。しかし私は、その小母さんのことはよく知っていた。友だちと遊ぶといっても、ただ座ったまま話をしただけだった。もう玩具や絵本を見るといった年でもなかった。小学校五、六年の頃だったと思う。

　二間だけの家だといったが、それがやはり妾宅だったのか、その家に男気《け》がないことは、子供の私でも感じることができた。男の子はか弱いというほどではなく痩せて小柄な体格だった。しかし決して暗くはなく、子供のくせにお世辞を言って明るく笑うこともあった。女の子にしろ男の子にしろ、彼らはみんな優しかったのだ。小さな床の間のようなところに、三味線が立てかけてあったのを想い出す。


　私の家の前の二階家に、ある女人《ひと》が住んでいたのを想い出す。それこそ正真正銘の妾だった。妾などと言わない。私の母などもその女人の苗字そのままにWさんと呼んでいた。それは子供の私でもそうだったし、近所の小母さんたちもみんな、親しくそう呼んでいた。その家の二階の部屋を借りていたのだ。

　彼女はとびきりの美人だった。この辺りにはいない美人だった。その頃四十を少し過ぎていたのか、若くはない。しかしそんな齢には関係なく、彼女は屈託がなく微笑んでいた。北海道の出身といっていたから色は白く、左の頬に僅かに痣《あざ》があったが、それは化粧で薄くしていた。そして金縁眼鏡をかけて、それがまたよく似合った。またいつも着物を着ていた。彼女には気品が感じられた。もちろん良家の奥さまということではない。それでも女性としての或るものが備わっていたのだ。

私の家のすぐ前ということもあって、その女人《ひと》と母とは、よく路上で立ち話をしていたのを想いだす。たしかに妾として、或る贅《ぜい》が身についているのを感じさせたが、決して気取ったものではない。下町に咲いた、一輪の花のような存在だったのかもしれない。私もその女人が好きだった。ただここでも、男性の姿を見ることはなかった。

その女人が、例の元やくざの家へ立ち寄るのを私は見た。そういえばそこの養女も北海道の出身だということを聞いていた。二人にどういう縁があるのかは分からない。しかしそこまで詮索する必要はない。人間の過去には犯しがたく、また他人に知られたくないものがある。また都会における周りの住民にとっては、それは何ほどのことでもなかった。

以上これまで、中村遊郭とその界隈に住んでいる人びとの生活振りを書いてきた。そこで言えるのは、とにかくこういう社会に住む人びとに対する感じ方が、暗く救いがたいもののように語られることが多いが、そう決めつける必要はないということだ。それは間違っていると思う。彼らは己《おの》れのそういう境遇を、まったく諦めているわけでもないし、といってそれほど深刻に受けとめているわけでもない。それよりも彼らの日常の生活振りは、つましい内にもまた逞しくもある。実態はそうなのだ。そこを理解しなければならない。

その三

このあとは、私たちの町の想い出を書いていきたい。といってここには、特別に記念になるような建造物があるわけでもないし、そこから大人物が輩出したわけでもない。豊臣秀吉が生まれたのは隣町である。また大事件や事故が起こったこともない、ごく平凡な地域である。

私が小学校に上がった頃、つまり昭和十四年頃、暑い夏休みの最中《さなか》だったが、私は一生懸命絵日記を書いていた。そこに咲いているのは朝顔の花だった。母が、庭とも言えない裏の空地に種を蒔いたのが、ちょうどその頃に咲いたのだろう。

その頃私は、大人たちの会話の中で、非常時という言葉と、ノモンハン事件というのを聞いたことがある。それも度たびである。私にはもちろん、その意味は分からなかった。しかし非常時のことはすぐに察しがついた。それは大人たちだけではなく、日本の社会全体が、いまだだならぬ状態にあることを意味していたのだ。今すぐに何かが起きるということではないが、それは国民に或る心構えを告げるようなもので、上から、つまり政府の方から出ている言葉だった。

もう一つのノモンハン事件のほうは、その外国語であろう言葉には妙に感じるところがあって、すぐに覚えた。しかしこれにも漠然と感じるところがあって、日本が遠い満洲かソ聯の地で戦争をやっているという程度のことは理解できたのだ。

このノモンハン事件について、その後成人になったときに知ったのだが、日本とソ聯の戦車隊との間で戦争となり、日本軍が大敗したという事実が分かったのだ。しかし当時の日本人にはそんなことは報らされずに、ノモンハン事件という言葉自体が次第に消えてしまったのである。数年後の少年時代に、私はその後事件はどうなったかとその結末を知りたかったが、その答えを知る手段はなかった。

ノモンハン事件のことは、父や母との会話ではほとんど出なかったと思う。しかしその言葉を私は度たび耳にしていたということは、ラジオからだった。ラジオの声は、自然に私の耳に入ってきたのだ。小学校一年生の私の耳にも。

その頃から日本の社会が、次第に厳しいものになっていくのを子供の私でも実感することができた。燈火管制という言葉があった。これは、夜一般家庭の室内燈の灯が外に洩れないようにするもので、電燈の笠に黒い布をかぶせるなどして対応したものである。これはお上からの達しで、その事態に国民は少なからず不安を感じることになった。

しかしこれは、アメリカとの戦争も始まっていない頃のことで、そうする意味もほとんどなかったのである。ただこれも後年になって分かったことだが、前年の昭和十三年に、支那（中国）の航空機一機が、九州の熊本地方の上空に飛来するという事件があった。そして飛行機からは日本人に対しての反戦ビラがまかれたのだ。

当時日本は、支那本土で支那軍と交戦中だった。それを支那事変という。その中での敵機の来襲である。今後そういうことがまた起きないとも限らない、と軍部はそう思ったのか。しかしその怖れはなかったのだ。燈火管制のことは、間もなくうやむやのうちに終わってしまった。

だが庶民の生活は、この頃から一段と厳しくなっていく。その顕著な例は、物の配給制度の施行である。外国、特にアメリカからの締めつけにより、食糧をはじめとする物資の不足が目立ちはじめ、それが庶民生活にも影響が出はじめると、政府はいよいよ、この緊急事態に対処しなければならなかった。

それはまず食糧から始まった。主食の米から砂糖や卵、それに果物ならりんごなどと。しかしこれらの品は、国民の主食なので、配給にしろ何にしろ、少なくとも庶民の手には入る。ところがほとんど手に入らぬ品物もあった。それは嗜好品に多く、バナナやチョコレートやアイスクリームなどがある。庶民にとって絶対に必要なものというものでもなく、それでもこれを口にすることは、これから先永遠にないだろうと覚悟したかもしれない。

非常時の風潮は、間もなく一般市民社会の間に広まっていった。もちろんこれは、政府の指令なり広報によるものである。そこには目に見えるものに対するものだけではなく、庶民の考え方に対してでも介入してくるのだ。

その頃流行《はや》った、替え歌ともつかぬ歌があった。

金鵄《きんし》輝く十五銭　栄《はえ》ある光三十銭
大空羽ばたく鵬翼《ほうよく》は　それより高い
五十銭　ああ一億は驚いた

歌詞は少し違っているかもしれないが、だいたいこんなところである。これは庶民が吸う一般的なたばこ、金鵄、光、鵬翼の値段が徐々に上がっていくことへの不満と皮肉をこめたもので、国民の、政府へのささやかな抵抗を歌ったものだ。この歌の犯人など捕まるはずもなかった。

ところがこれに対して、政府側の反撃の歌もあった。歌というよりもキャッチフレーズのような、惹句《じゃっく》というべきものか。

パーマネントは　やめましょう

というこれだけのものである。しかしこれは、ある種の女性にとってはかなり手痛い警句となったようだ。

私の小学校二年生のときの担任の先生は、女性で、日頃パーマネントをかけていた。少し小柄で美人で愛らしく、金縁眼鏡をかけていた。それに冬は、黒い毛皮のコートを着ていたのだ。先生といっても、きっと良家のお嬢さんだったのだろう。

ある日の夕刻、その先生は私たちの町の表通りを歩いていた。冬の日だったと思う。向かう先は市電の通りで、多分先生は市電に乗って少し遠いところから通勤していたのだろう。その時である。先生のあとをつけてきたのか、二、三人の少年が後ろから声を揃えて小さく口ずさんだのだ。

「パーマネントはやめましょう」と。

私はびっくりして、その少年たちを見返した。そう声を上げた言葉にはメロディーというものもなく、多少のアクセントがあるだけのものである。しかしその言葉は強烈だった。先生にその言葉が届いたかどうかは分からない。急ぎ足で前を見つめて歩いているといっても、その声はたしかに届いたと思う。

私はその少年たちを知らない。顔を見たこともない。服装は私よりも貧しく見えた、というと語弊があるのか。しかし私はそう見た。その下卑《げび》た表情に、私は子供心にも嫌悪を感じたのだ。

たしかに当時、学校の先生の中では、はっきりとパーマをかけていると見られたのは、その先生一人だったと思う。若い先生がそれほど多くなかったということもあるが、先生だけの集合写真を見てもそのように見える。たいていの先生は、ひっつめ頭に焼き鏝《こて》を当てた程度のものである。それがこの頃の、世の女性の髪型だったのだ。

パーマネントの先生は、先生仲間よりも、むしろそういう市井のお母さんがたから、或る目で見られていたのかもしれない。その日の少年たちの母親は、日頃その先生の容貌を自分の子供たちから聞かされて、密かに嫉妬心をつのらせていたのか。その仕返しは、ひどく冷酷なものだった。私は大人になってからそう思った。先生は辛い思いをしたと思う。悲しい想い出だった。

この頃私たちが住んでいる町内では、隣組という仕組みができて、回覧板が各家に回るようになった。町内の連絡網がはっきりと組織化されたのである。これも政府の施策の一つだった。

回覧板は月に一回程度回ったようだ。町民にとって必要な事項を知らせるもので、いろいろな会の催しや、この頃では食糧品の配給を報らせる日やその品目が書かれてあった。親はそれを見終えて印鑑を押すと、子供が隣家へ持っていくということになる。その回覧板の板は大きなもので、べっ甲のような、まだら模様のかなり匂いの強いものだった。何だったのだろう。

隣組には当然組長がいた。隣組から名を変えた組織は今でも続いており、組長も一年ごとの交替か、あるいは選挙で選んでいるのが現状である。しかし当時は、選挙などというやり方などはなかった。しかし組長は誰かがやらなければならない。ところがその成り手はあったのだ。どこにも世話役や顔役というものが居るものである。彼は元来世話好きで、またそれ以上に威張りたがる癖があった。しかし町内会長としては適任だったのだろう。どこの世界にもある話である。

回覧板が回る組内には、これも月に一回か二カ月に一回の割り合いで、常会というものがあった。組長か当番に当たった家で、夜会合を開くというのである。私の家でもそれをやったことがある。そしてそれを取り仕切ったのが例の元やくざの小父さんである。彼は手回しよくやった。組長にしろ常会の座長にしろ適任だった。

戦後すぐに、小津安二郎が撮った映画に、『長屋紳士録』というのがある。戦時中東京の下町の、庶民の生活振りを描いたものである。笠智衆や飯田蝶子などという当時の人気俳優が出てくる。その中で夜、組の常会を開いている場面がある。男や女ら映《は》えない連中が集って話し合っていたのだが、そこにはすぐに酒が出てくる。するとみんなが調子にのって、箸で湯呑み茶碗を叩いて歌い出すというのである。

私たちの組ではそこまでやらなかったが、話し合いのあとには、やはり配給の酒が出た。当時の二級酒というのがあって、一級酒が出れば上等だろう。そこまでの手配も小父さんがやった。ここまでが常会の一つのスタイルだった。常会といっても隣組の人びとの親睦会のようなものだった。いいことだった。今はこういう風潮はない。

ところが戦後になって分かったことだが、こういった常会なり回覧板のことは、政府や軍部が市民の反戦感情を探るものであったというのだ。反戦感情というのは、例のたばこの替え歌などもいう。制度として国民にそれを押しつけたのだ。国民はそれをどこまで察知していただろう。

しかし国民も馬鹿ではない。それぐらいのことは薄うす感づいていただろう。だから常会の場や日常の会話でも、迂闊なことは喋らないようにしていた。人びとの付き合いも、徐々に息苦しいものになりつつあった。ただ私たち子供が、それを知ることはなかった。

この頃、私たち子供の世界は平和だった。世の中が少しずつ変わっていくのを実感することはない。外へ出てはよく遊んだ。その中で町内に一軒、屋根神さまを祀った家があった。二階屋の家で、その一階の瓦屋根の上に、小さな社《やしろ》があって、その家の人が毎月榊やお供えものを上げたりして、その社のお守りをしていたのだ。そのときは、通りから長い梯子《はしご》を立てかけてお参りをするのである。

私たち子供の目にも、その屋根神さまの存在は知っていた。しかしそこを通るときでも、いちいちそれを見上げることはない。それでも通りがかりのお婆さんなどが、そこに立ち止まって合掌したりする姿を見たことはある。年寄りにとって、その屋根神さまは有難いものなのだ。

ところが私たちは、その屋根神さまから俄然思いがけない恩恵を受けることがある。それは寒い冬のある日だった。町なかの氏神さまなどにある祭礼と同じように、その屋根神さまにもそれと似た行事があったのだ。その日の夕刻になっても、私たちはそのことをまだ知らない。しかし少し時間が経って辺りが暗くなる頃、その屋根神さまの前かその横の道に、突然薪が積み上げられるのだ。そして火がつけられる。

そこは表通りとの角地になっていて、その角で、直径が二メートルほどの輪の中で、次第に火が燃えさかっていくのである。そんなことができるのか無茶な話だ。今なら消防署も警察も承知しないだろう。しかし当時は、ほとんど自動車など通る気づかいはないし、自転車やリヤカーが通るのに何の差し支えもない。

やがて火を囲んで子供たちが集まりだす。十数人の、顔見知りの男の子や女の子たちだ。火に照らされて彼らの顔は輝いている。するとその頃になって、世話役のような大人の男性が、その火の具合を見ながら、そこへ何かをほうり込むのだ。薩摩芋だった。それにみかんも。子供たちの間に喜びの声があがる。あとはそれが焼けて、待ちきれない男の子が件《くだん》の大人にそれを拾ってもらう。それからは大人も子供も一緒になって、大いに笑いながらおしゃべりをしてその芋を頬張るのである。

これは一つの行事である。どんどこという行事である。関西のある地方では、どんど焼きという行事があるようだが、これと同じかどうかは分からない。あるいは同じでも、その呼び名は名古屋は田舎風な呼び方で、どんどこと言っているのかもしれない。いかにも田舎くさい、しかし忘れえぬ懐しい光景である。

少年時代というのは、この七つ八つぐらいの年頃が急に行動範囲が広くなって、それに物事に対する好奇心も強くなっていくのかもしれない。五、六年生になると、大人びてということではないが、少しは落ちついた行動をとるようになる。そんなことでこの頃の私の行動範囲も、大いに拡がっていったのだ。私はつねづね、父からお前は引っ込み思案だと言われていた。たしかにそういう面もあったが、父の知らないところでは活発に動いていたのである。

表通りはほとんどが商家だが、そのうちでも少し華やいだ雰囲気の場所がある。四つ角に面して、一軒は置屋というのかお茶屋というのか、そしてその向かい側には小さなカフェーがあった。お茶屋の方は、夕方になると着物を着た女性が出入りしていた。またカフェーは、これはもう男性相手の店だ。

そのお茶屋には女の子が一人いて、それが私とは同級生だった。私は女の子と話をするのが苦手で、学校でも同じクラスの子とは話したことはない。しかし学校を出て同じ町内の子となれば話はまた別である。

ある日のこと、これは夕方ではなく昼間だったが、その女の子の家の玄関の戸が開け放たれ、そのすぐ横にある丸窓にもガラス戸はなかった。すると中から女の子が、外からは私と友だちが、互いに鼻つき合わせて話に興じたのである。彼女は美人というわけではないが、家の商売が商売だけに少し大人びた顔をしていた。そしてそのこましゃくれた話し言葉にひきこまれ、みんなで笑いながら長い間お喋りをしたのだ。懐しい風景だった。それはあの樋口一葉が描いた下町の風景に似て、どこか子供だけの世界でないものが感じられるところがあった。

またその近くには、もう一人の性格の似通った女の子が住んでいた。こちらは美人で愛嬌のある子だった。そしてその家の玄関周りにも友だちが時どき集まってくる。私もその一人だった。ある日、やはり女の子が家の中から窓を開けて顔を出した。私より四つ五つ年上の子で、集まった連中も同じ年頃で、お喋りが始まっても私だけが無言だった。しかしそれでも満足だった。

子供たちのお喋りの間じゅう、私はある一点を見つめていた。その家は開けっ放しで、次の間の奥までが見通せた。とそこに小母さんが一人座っていたのだ。もちろんその子の母親なのだろう。ところが私が見たところ、普通の家庭の小母さんとは違う。子供の私でもそれは分かった。その女人《ひと》もお妾さんだったのだ。

やや年をとったその小母さんは、独り火鉢の前に座っていた。そして子供たちが窓辺でお喋りをしている間じゅう、一度もこちらに目を向けたこともない。小母さんは三〇センチ以上もある長い煙管《きせる》でたばこを吸っていたのだ。そしてその度に口から煙を出しているのも見える。また時どき刻《きざ》みを詰めかえては、また吸いだす。小母さんは、私たちがそこに居る間じゅうそうしていたのだ。どこかふてぶてしいところがあって、子供の私には好感がもてなかった。これも我が町の一つの風景だった。

しかしそういう我が町の風景は、概して明るい雰囲気の中にあった。元やくざの小父さんはとうに足を洗っている。立ち並んだ商家の店先も繁盛しているように映っている。お母さんたちが立ち話をしている姿も時には見える。また出征した若い兵士が間もなく帰ってきて、その家族や周囲の人びとが、ほっとひと安心する光景もあった。

その頃私の近くの町では、よく相撲の興行があった。これは町の有力者なりお金持ちが彼らを呼んで、ひと晩かふた晩、周囲の住民に観せるというもので、これは度たびあった。詳しいことは子供には分からないが、この辺りでお金持ちといえば新地の楼主ぐらいのもので、そういう面では相撲と花街は昔から縁があった。私はその頃、大関鏡岩一行のポスターを遊郭近くの医院か何かの塀に張り出されていたのを見た覚えがある。

私は相撲を取るのも見るのも好きだった。もっとも当時はテレビもなく、見るにはその場所へ行くしかなかった。「ラジオで聞く」というのが正しいが、相撲を聞くというのもおかしな話である。その頃は双葉山の全盛時代だった。

小学校一年の夏休みの夕方、私は母に褌《ふんどし》を締めてもらい、裸のまま外へ飛び出していった。向かった先は、遊郭の隣の空地に仮設された子供相撲の会場だった。日の暮れは早く、そこに着いたときには、会場は裸電球が明るく灯っていた。私はすぐに土俵に上がった。そしてふた番目に、小学校の同級生と当たり、私は左の外掛けで勝った。しかしそのとき、相手の骨を折ってしまったのだ。悪いことをしたがどうしようもない。私は褒美に雑記帳を貰って、また走って家へ帰った。そのとき私は、母に友だちの足を折ってしまったことを言わなかった。翌日母は、それを聞いて早速友だちの家に詫びに行った。私もそれを知ってほっとした。

友だちとの付き合いはまだあった。町内には二軒の質屋《しち》があったが、その一軒の質屋の息子と同級生だった。私は大人になってからでも質屋へ入ったこともなく、また通りに面した商家の間に質屋が同じように並んでいることもなく、世間からは質屋というと、どこか色眼鏡で見られる傾向がある。

私にはその質屋が、いまだに健在であることを不思議に思う。この頃は、昔からある商売屋が、その体質が古いがゆえに潰れたりする例が多いのに、古いということではその最たるものが質屋である。

質屋の友だちは大人しく口数も少なく、日頃はあまり目立たない存在だった。ところが何十年か経った小学校の同窓会の席で、私はその友だちと隣り合って多くを語り合ったのだ。そして率直に、質屋はいま景気が良いのはなぜかと聞いた。彼ははっきりとした返事はしなかった。時代に対応するのに敏なるものがあったのだろう。

最後に彼は言った。今度高層ビルの上階に新しく店を構えたので、そこへ遊びに来てくれというのだ。私は質屋がそんなところに入って、入口にあの大きな暖簾《のれん》を掛けるのかと訝かったが、それが彼の、新しい時代への対応の仕方だったのだろう。私は心中舌を巻いた。彼の言葉に乗らず、私はその新しい質屋に行くことはなかった。

同じ同窓会の席上で、私は思いがけない女人《ひと》に会った。それは一年生と二年生のときに同じクラスにいた女の子だった。頭がよく二年生のときには副級長だった。そして美人だったのだ。子供を美人というのは変かもしれないが、しかしそれはたしかなのだ。少しすました顔が、男の子を寄せつけないという面があった。

あるとき授業中だった教室に、その子の母親が訪ねてきたことがある。そして今から、娘をある所へ行かせたいから早引きさせたいというのである。先生はただちにそれを許した。じつは彼女は、放送局の児童劇団か児童合唱団に入っていたのだ。当時は放送局といえばＮＨＫしかない。女の子はそんなところへ出入りしていたのである。

子供たちの彼女に対する見方は、ここでも違った。女の子は特別な人間、しかも周りの子供たちから見れば、想像もつかない才能をもったお友だちという印象を受ける。それに、入口から少し顔を出しただけの母親の容姿である。着物姿で色白の顔には、或る気品が感じられた。それを見て子供たちは、自分たちの母親のそれと見比べただろうか。

今になって私は、彼女と初めて口を利いた。そのとき周りには、私と同級生だった女性が二人いた。三人は親しく話し合っていたのだ。ところが彼女たちが、日頃も付き合っているということではなさそうだ。そこで私はその女性に、いまは何をやっているのかと尋ねた。すると彼女は、日常の生活上のことではなく、いまは端唄《はうた》をやっていると答えたのだ。端唄と聞いて私は一瞬戸惑った。端唄は小唄とも違うし、しかしそれに似たものなのだと思う。

長唄や常磐津なら知っている。歌舞伎の舞台ではよく演じられるからだ。「勧進帖」などは長唄の名曲である。私は彼女がそういうものではなく、端唄をやっていると聞いて、その住居《すまい》が遊郭の隣町だったのを想いだした。そしてそこに彼女の感性を思った。

人間にはそれぞれに個性がある。その個性はこの世に生まれてからの居住環境にも左右される。これは避けがたいことだ。ただそれも、宿命的と言われるほどの大袈裟なものでもない。要はあくまでも本人の個性にある。私は彼女を才女とまでは言わないが、やはり個性的な女性だと思った。そこには、そこはかとないゆかしささえ感じられた。いまになって想い返すに、彼女はその日も着物姿だったのだ。あの日の母親と同じように。

小学校の想い出

私たちの小学校は、中村区のほぼ中央にあった。学校の前を東西に走る道路があって、これを清正公通りという。東は名古屋駅の北の辺りから、西は中村公園の前までだ。清正公とは、もちろん加藤清正のことをいう。

その清正公通りに、私が小学校に入った頃には市バスが走っていたのだ。狭い通りなのにと信じられないが、きっとバスの車体も小さかったのだろう。ところがそのバスはガソリン車ではなく、木炭車というやつである。読者には分かるだろうかその意味が。木炭車とはその名のとおり木炭、つまり薪《たきぎ》を燃料にして走っていたのだ。そのためにバスの後ろには、鉄製の籠があって、そこに薪が詰めこまれていたのである。ただそれをどうやって燃やしてバスを動かしたのか分からない。当時大人たちは、このバスのことをパスと言っていた。何もかもが古風な、前時代的な産物である。

小学校に入ったその年に、新しくプールが造られた。二五メートル、三コースと小さなものだが、当時は他所《よそ》の学校にはプールなどなかったという時代である。そしてプールと同じように造られたのが相撲の土俵である。もちろんこれは屋根つきである。その土俵開きのような行事の日に、東京から力士の一行がやってきた。ただ私たちは、彼らのことを力士とは言わずに相撲とりと言っていた。

一行は幕内か十両の力士が最高で、あと七、八人は、言葉は悪いが褌担《ふんどしかつ》ぎだった。つまり幕下以下の相撲とりである。ところがここで事件が起こった。行事が終わったあと、その褌担ぎの一人の相撲とりが、いきなりある少年を追って走りだしたのだ。少年は三年生ぐらいで、学校の裏門に向かって逃げていく。しかし褌担ぎの足は速く、その少年に追いつき胸倉を掴むと、足払いにして、すごい勢いで、少年の体を地面に叩きつけたのだ。あっという間の出来事だった。

少年は、褌担ぎが、というぐらいの悪態をついたのだろう。相撲とりに向かって手を出すなどということはありえない。しかしそれに対する相撲とりのその仕打ちだった。大人げないというよりも、彼らのそういう一面を見て、私は心中怖れをなした。

在学六年の間に組替えが四回あった。それと同時に担任の先生が替わる場合もあれば、そうでないときもある。そして四年生と五年生のときには組替えもなく、先生も同じだった。男の先生で、授業も分かりやすく良い先生だった。

その先生がある日の授業で、教科書ではない別の本を一冊持ってきて、それを読んでくれたのだ。それは少年太閤記とでもいうようなもので、豊臣秀吉が日吉丸と呼ばれた少年時代から、遠江《とおとうみ》の松下某に仕え、やがて織田信長の家来になるまでの彼の出世物語である。四年生から組は男女が分かれるので、先生が選んだ教材も、男の子相手のものだったのだろう。ほかの生徒はどうだったか知らないが、私はその話を興味津々《しんしん》たる思いで聞いたのだ。

そしてこれは脱線したというのか、先生はさらに難しい話を続けた。政治の話である。しかも外国の。その頃日本は、ドイツとイタリアとの間で三国同盟を結んでいた。先生はその話をし始め、ヒットラーやムッソリーニの名をあげた。そこで先生は子供たちに尋ねたのだ。たしかそれは、ある事に対する政治家は誰かというようなことだった。私はそれに対して真っ先に手をあげたのだった。

四年生にしては、私はこの頃政治に興味をもっていた。大それたことではない。この頃ラジオでは、そういうニュースを毎日のようにやっていたのだ。それは子供の耳にもいやでも入ってくる。勢いよく挙手した私は、そこで或る政治家の名をあげて答えた。「広田外務大臣」と。当時彼はベルリンへ行ったりして、日本の外交を担っていたのだ。

先生は笑いながら言った。「それは違う」と。そしてほかの日本の政治家の名をあげたのだ。私は拍子抜けした。しかし私は、いささか知ったかぶりをした自分の間違いを指摘されても、恥かしいとは思わなかった。この場での先生と私のやりとりを理解できるのは誰もいないだろうと思っていたからだ。べつに自慢することではないが。

私はこのとき、もう一人のドイツの政治家の名を識《し》っていた。リッベントロップ外相である。その特異な発音の名字には、どこか惹かれるところがあったのか。少年の思いとはこの程度のものである。大東亜戦争（太平洋戦争）が始まってから、半年ぐらい経った頃のことである。小学校は国民学校と名を変え、すでに全面的な戦時体制に入っていた。

この頃年に一回程度、映画鑑賞の行事があった。学校からは程遠くないところに円頓寺商店街があって、その中に豊富館《とよとみかん》という映画館があった。私たちはそこまで、隊列を整え歩いて向かった。どこかわくわくとした気もたしかにあった。

映画鑑賞といっても、劇映画を観た覚えはない。ニュース映画中心のものだった。多分これは軍部の指導のもとに制作されたもので、ほとんどが戦争の場面だった。その中で二カ所ばかり印象に残っているのがある。

一つは、日本の陸軍部隊が香港《ホンコン》を攻略したあとマレー半島に上陸し、さらにシンガポールを目指していく場面である。それは密林の中の道を、兵隊たち全員が自転車に乗って猛スピードで走って行くのを撮っていた。これを銀輪部隊と言った。戦車や装甲車ではなく自転車でという発想に、私は子供のくせに心の中で思わず笑っていた。じっさい子供の誰もが、それを可笑しいと思っただろう。

もう一つの場面は、一転して思わず興奮してしまうほどの名場面だ。それはおそらく、今次の大戦で日本軍が勝利した幾多の戦場の中でも、最も劇的な情景が展開された場面である。

まず画面いっぱいに大空が拡がっている。そこを手前の方から飛行機が、それは爆撃機か輸送機か、両翼にプロペラがついた大型機が、何十機も編隊を組んで飛んで行く。とその編隊の下に、突然白く花が咲いたようなものが落ちてくるのだ。落下傘だ。日本軍の落下傘部隊が、いま敵地に降り立っての戦いが始まろうとしている。

落下傘は次から次へと降りてくる。飛行機の編隊も間断なく飛行している。そしてその画面全体からは、その快挙をさらに鼓舞するような勇壮な音楽が流れているのだ。私は興奮し、体の中の血が滾《たぎ》ってくるのを感じた。これは決して大袈裟なことではない。小さな子供でもそういうことはあるのだ。

その劇的な音楽はドイツの大作曲家ワーグナーの「ワルキューレの騎行」という劇音楽で、その時から百年近く前に作曲されたものだ。その重厚なドイツ音楽は、勇躍として編隊を組んで、次から次へと飛んでいく日本の航空隊の勇姿を想わせるものだった。その音楽は、いつまでも私の頭の中に響いていた。このとき日本軍は、オランダ領スマトラ島にあるパレンバンの石油基地確保のために落下傘降下作戦をおこない、これに成功したのである。新聞はこの快挙に、「神兵パレンバンに降る」と大々的に報じ、これを国民に伝えたのである。

小学生としての学校生活の終わりに、次のようなことを書かなければならないことは、甚だ気が進まないことである。しかし口を閉ざすことはできない。読者にはここであえて報告したい。

六年生になり組替えがあって、担任の先生も替わった。四十歳ぐらいか、新しく来た先生だった。黒い髪の毛が逆立ち、度の強い眼鏡をかけた赤ら顔は、いかにも勘が強そうな感じがした。その事件は、新学期が始まって間もなく起きた。

クラスには朝鮮の子供が一人いた。当時彼らは、日本人と同じ扱いを受けていた。クラスの中でも、今でいう差別などというものはまったくなかった。ところがその日、先生は突然その少年を指名して立たせ、さらに前に連れ出して、いきなり顔を殴ったのだ。それも二、三発と続けて。

児童たちはびっくりした。先生は何の理由も告げず、一声叫んだようだった。しかし児童たちは、どうしてその男の子が殴られたのか、まったく理解ができなかった。ところがそのあと、先生は彼の胸ぐらを掴むと、教室の入口近くにある壁にそれを押しつけ、今度は胸から腹部にかけて猛烈に殴りかかったのだ。それはとうてい正視できる状態ではなく、児童たちはただ茫然としてそれを見守った。

それは殴るというようなものではなく、拳《こぶし》を固めて突くという、ちょうどボクシングのやり方で、それを二十発以上も食らわせたのである。先生の興奮状態はやっとそこで止まった。しかし不思議なことに、それだけの暴力を振るわれたのに、少年は一言の言葉も発することなく、悲鳴もあげず泣きもせずそれに耐えたのだ。よほど強靭な心と体の持ち主か、あるいは失神していたのかもしれない。犯行は終わった。

そして翌日以降、このことが児童の間で話題になることはなかった。互いの間で、それが意識的なものだったかどうかは分からない。しかし私たちは、今度の担任の先生に対する接し方に、ある思いをもったのはたしかだろう。あの暴力が、いつ自分に降りかかってくるか分からないという怖れは、誰もがもったはずである。

件の少年が、翌日登校したかどうかということは記憶にない。またその先生からも学校からも、「事件」についての説明はいっさいなかった。しかし今になって思うに、その少年が受けた身体への衝撃は大きく、ことによったら、彼は腸管破裂をしたのではないのかと思う。それはやがて、死に至ることになる。その後の彼の消息を私は知らない。

先生のこの行為は、絶対に許されるものではない。しかし彼はそれを正当なものと自認しているのか、児童の前では弁解も謝罪もしていないのである。これが戦時中の、国家の教育方針だったのか。今になってもこれは、憤慨にたえない事件だった。

後年同窓会があったその席上、会の世話役から、その教師が、早くして亡くなったということを聞かされた。しかもその死にようは、普通ではないということだった。私はそれを聞いて言葉を発することもなかった。ただ心の中では思うところがあった。

学校ではそれより以前に、もう一つの事件があった。それを事件と呼ぶべきか、それとも椿事《ちんじ》というべきか。

この頃学校には、陸軍や海軍に軍籍があると思われる教師がいた。私が入学したとき、そこにいたのは海軍の軍人だった。制服姿や平服のときもあって、兵曹ぐらいの身分で小柄で細い体つきだった。ほかの教師と比べても大きいほうではない。

その一、二年後に、今度は陸軍の軍人が入ってきた。位は伍長か軍曹ぐらいで、海軍の教師と同じぐらいの身分だったが、軍服姿を見たことは一度もない。体は大きく、腕っぷしも強そうに見えた。世に言う鬼軍曹とは、こういう兵隊のことをいうのか。もっとも軍曹は兵隊ではなく下士官のことをいう。

ある日その二人が、教員室の前の廊下で殴り合いの喧嘩をしたというのだ。その噂は、生徒の間にぱっと広がった。男の児童の中には、手を叩いて喜んだのもいる。ところがその喧嘩で、どちらが勝ったのかは、誰も知らなかった。おそらく生徒のうち、誰もその現場を見たものはいなかったと思う。殴り合いの程度も分からなかった。

喧嘩の件はそれで終わったが、そのあと僅かに余韻が残った。二人の軍人の先生を並べたときに、日頃男子は陸軍を、女子は海軍に好意を寄せているという傾向があった。確かめたわけではないが、時としてある子供たちの会話でそれは伺える。それは何に起因するのか。海軍の先生は女の子に優しく、陸軍の先生は、男の子には逞しく見えたのだろう。そんなところである。

このあとは慌ただしかった。戦局は次第に日本軍に不利になり、アメリカ軍機の日本本土への空襲のことが囁かれるようになった。そこで都市部に住む学童の疎開が計画され、その実行が昭和十九年の七月か八月頃から始まった。私たちは集団疎開の名のもとに、名古屋からは近い、西春村（現北名古屋市）に連れ去られた。

疎開先の私たちの生活振りについては、ここでは想い出したくない。良いことなど少しもなかった。翌昭和二十年の三月に、六年生だけが名古屋に帰った。ところがその二週間後に、アメリカのB29爆撃機による空襲があり、私たち家族や町内の人たちは、ひと晩じゅう町のあちこちを逃げ回ったのだ。

三月二十日の明け方に空襲が終わったのを確かめると、私たち家族は我が家に帰るこ

警戒警報発令中の街　日本文化通信社『名古屋繁昌記』

とができた。家は焼けていなかった。そのあと私は少しは眠ったのか、朝の八時頃にはまた家を出て小学校に向かった。その日は卒業式だったのだ。運動場にはすでに児童のほとんどが並んでいた。私は列の後ろに立った。周りには顔見知りの友だちの姿は一人も見ることはなかった。何か別のところに立っているような不思議な気持ちだった。

やがて前の方から列が乱れだした。式はすでに前からやっていたのか。私は校長先生や担任の先生の顔を見ることも話を聞くこともなく、その場から去らなければならなかった。その間一言も口を利かず、話しをする相手もいなかったのだ。

その日私たちの聯区では、町の五分の一ぐらいが焼けた。被害はむしろ小さかったといえる。この日の名古屋市に対するB29の攻撃は最も大きなもので、市の中心部は大方焼けたのだ。友だちで亡くなったのがいたかどうかも分からないが、私はこの日以来、母校とは永遠に訣別したのだ。また、この日は卒業証書も受け取っていないので、私はいまだに小学校も卒業していないことになる。

しかし私の故郷は残っている。故郷は田舎の人びとの中にだけあるものではない。都会の下町の裏通りにもあるのだ。それもその町並みという形のものではなく、心の内にこそ強く懐しくあるものだ。それはどんなに年をとっても変わるものではない。

二　昭和の想い出　戦中の風景

新名古屋駅の周り

新しい名古屋駅が開業したのが昭和十二年のことで、明治橋などが取り払われて、名古屋の表玄関は一新した。私はその頃まだ中村遊郭の近くにいたが、顔は次第に東に、つまり名古屋駅の方に向いていた。新名古屋駅と言わずに、東洋一を謳う大名古屋駅と言ったほうがよいのかもしれない。

とはいえ、この辺りにはまだ古いものが残っていた。明治橋と同じような残骸がもう一カ所あったのだ。いまの名古屋駅の新幹線などの鉄道線路を、ものの一〇〇メートルほど北に行ったガードの下で、清正公通りから延びた道路が二つに分かれるところがある。その辺りにかつて踏切りがあったのだ、信じられないかもしれないが。踏切りとは、鉄道線路が地上にあり、汽車がそこを通っているということである。

私はこの日も、父の自転車の前部に跨っていた。目の前にある踏切りは幅広く見え、

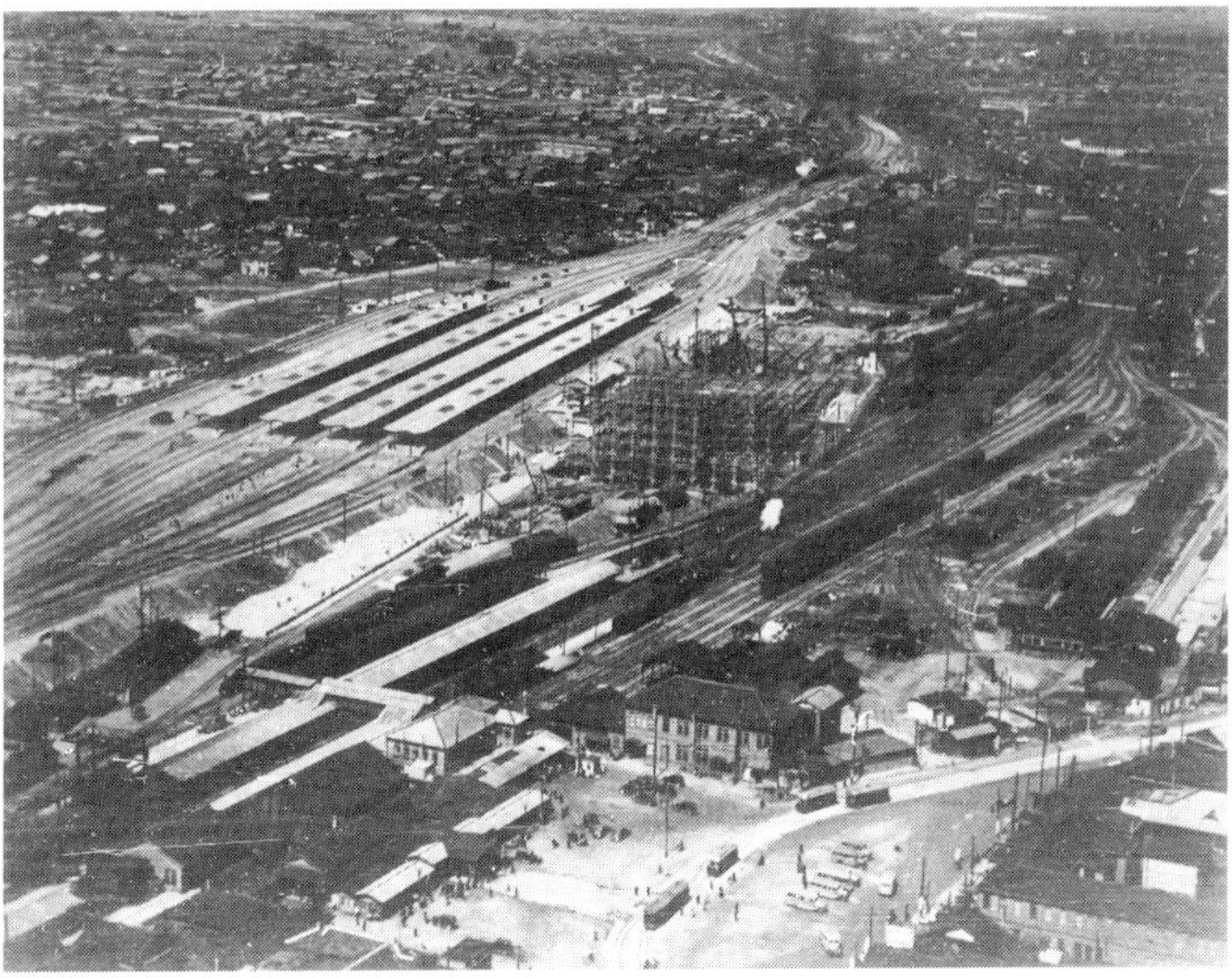

名古屋新旧両駅（昭和 11 年）　名古屋市提供

そのときは遮断機は下りていた。大勢の人びとのほかにリヤカーや自転車なども一緒だった。遮断機が下りてから、すでに時間が経っているようだった。そのあと列車が通過したかどうかは覚えていない。私の記憶はそこまでだった。

この場面は、新しい名古屋駅の建物が造られても、汽車の線路がまだ高架化されていない頃のもので、やがてその作業が進めば踏切りはもう必要なくなる。私が目にしたのは、その間のほんの短い期間のもので、運よくその場に居合わせたことになる。この頃の父も、方々によく出歩いていたのだ。この日は私のために、その先にある「耳の神さま」にお参りに行くところだったのだ。私自身は、耳など悪いと思ったことはないのだが。

新しい名古屋駅の建物内の構造はよく、コンコースがあり、表から裏まで、広く長い距離を切符もなしで通れるようになっていた。これはよい着想で、東京駅など同じような通路があるものの、天井も低く幅も四メートルぐらいしかない貧弱なものだ。ほかの都市の大きな駅ではその通路もなく、そこを毎日通るのに、入場券専用の定期券を購入しなければならないという。笑い話にもならない。

私はその名古屋駅の表側、つまり桜通り側に出たことはない。まだ小学校に入って間もない頃だった。だから桜通りのことも、駅前に新しくできたであろう新しい建物などを見た記憶はない。ただそれでも一度だけ、駅前から市電に乗った覚えはある。私はその窓ぎわに立っていた。

電車は南に向かっていた。そして間もなく、今もある笹島の交差点に差しかかったのだ。するとその目の前に、私は或るものを見た。そこでは赤い煉瓦の残骸のようなものがあって、数人の作業員がつるはしなどを使ってそこを打ち壊しているようだった。

今までそこには、ある程度の大きな建物があったのだろう。そのときは地下部分の壁の撤去作業をやっていたのだ。私はぼんやりと見つめていた。と誰か隣で、「あそこは陸軍病院だった」という声を聞いた。母か誰か知らない他人《ひと》だったか覚えはないが、陸軍病院と聞いて、私は一瞬感じるものがあった。陸軍病院とは戦争で怪我をしたり病気になったりした兵士のためのものだ。そういう人たちがこんな場所で入院したり治療していたのかという思いは、子供でも何かを感じることがあるのだろう。しかしそれはほんの一瞬のことで、電車はすぐに笹島の角を曲がり、広小路通りへと向かっていた。

大人になってから私はその日のことを想い出し、名古屋の古い地図を拡げてみたが、あの場所に陸軍病院と記されているものはなかった。しかし私はたしかにそう聞いたのだ。地図というのは、一般のものでも軍の施設などはそこに記入しないものだということを後日知ったが、あるいはそういうことだったのかもしれない。この頃の名古屋には、赤煉瓦造りの建物が多かった。

つぎは夏目漱石の小説「三四郎」の話になる。その文中で、三四郎が汽車の車中で知り合った女性と駅前の旅館で泊まることになり、その場所がどこかというのである。漱石は、淋しい横町の角から二軒目としている。しかしこれでは漠然としていて見当もつ

名古屋駅前にあったシナ忠旅館　同館パンフレット　個人蔵

かない。だいいちそこへ行くまでの目印が何もないのだ。

漱石は多分、この作品のために名古屋へ来たことはないだろう。だからこの辺りの地図も知らない。しかし作家というのは、その程度のことは知らなくても小説は書けるのだ。なんなら架空の地図を作ってもよい。それも許されることなのだ。まして「三四郎」という作品中、この場面はそれほど重要でもない。

長編小説を多く書いた島崎藤村の作品に、主人公の伯父か従足弟か彼の身内の者が、名古屋の病院に入院して、それを主人公が見舞いに行くという場面がある。そしてそのあと、彼は病室を出て外の景色に見とれるのだ。その当時、多少大きな病院となれば、その所在も建物も、誰が見ても分かるようなところにあるはずである。しかし藤村は、その場所も建物の外形も、何も書いていないのだ。読者にとって多少のもどかしさはあっても、それで通っていく。

漱石が三四郎たちが泊まった宿屋の場所をまったく知らないとしても、それは問題ない。通俗小説や時代小説ならそれは許されるのだ。所詮小説はフィクションである。言葉に多少語弊があるかもしれないが、作者は勝手気儘に書けるのだ。もちろんそこに或る使命感があるにしてもである。ただ歴史小説はそれほど甘くはなく、これは別ものである。

とはいえ一部の読者にとっては、三四郎たちが泊まった宿屋がどこかと突き止めたがるようだ。しかし漱石が書いているように、淋しい横町の角から二軒目だけでは、どこの角かも分からないので、一部の識者が言っている笹島の角というのは、まったく根拠がない説である。漠とした話だが、読者も漠と想像するよりほかないのではないか。以上これは打ち止めにしたい。

笹島から少し東へ行くと、柳橋の交差点になる。じつはそこに、都心では珍らしい建物がかつてはあったのだ。その日私たちは、学校から歩いてここまでやってきた。二年生になっての遠足は、遠いところへ行くことになったのだ。まさに遠足である。ところが歩いてきて着いたのは柳橋だった。なぜか。

私たちはある建物の中に入った。そこは薄暗く天井の高い、倉庫のような建物だった。ところがその目の前には電車が停まっていたのだ。私は思わず目を見張った。しかもその電車は、街なかを走っている市電の車体とはまるで違うのだ。背が高く、色は緑色のもっと暗い色で、あまり見た目によくないものだった。そう、ここは郊外電車の駅、それも終点の駅だったのだ。

その頃私は、母から教えられて郊外電車という言葉を知っていた。男の子というのは、この年頃になると、レールの上を走る乗物、つまり汽車や電車に急に興味をもつらしい。郊外電車もその一つだった。名古屋には郊外電車がもう一つあった。それは大阪から名古屋駅まで来ている、関急《かんきゅう》という電車である。私は夜遅く自宅でその汽笛を聞いたことがある。電車は中村区の南を東西に走り、関急というその名はいかにも速そうに思えた。

私たちはその郊外電車に乗った。その日は小学生だけではなく、ほかの大人の人も乗っていたのか混んでいた。私はベンチに座ることもできずに外の景色を眺めていた。ところが電車は、走りだしてから間もなく、また屋根のあるところに停まった。そこは押切という駅だった。郊外電車はやはり、市電とは違っていたのだ。

この日の遠足は、津島へ行くことになっていた。その町の名を私は初めて聞いた。名古屋からだいぶ遠いところにあるようだった。そのあとかなり時間をかけて津島の駅に着いたとき、外に小雨が降っていて、駅前広場の向こうに見える背の低い街並みもかすんで見えた。柳橋の駅から郊外電車に乗ってきた私の記憶はここまでだった。

しかしその次に私が想い出したのは、大きな池を前にした景色だった。雨は止んでいた。津島の駅に着いたあと、歩いてここまでやってきたのだろう。そこは今の天王川公園である。南北に細長い池の西側が土手になっていて、私たちはそこで弁当を拡げた。

そのとき、にぎり飯を頬張りはじめた私の横に、一人の小父さんがいるのに気がついた。しかも小父さんは、大きな体で大きな顔をしていた。どんな人だろう。私は横目で見ながら、やがて立ち上がるとまともにその人を見た。それは本当の人ではなく、石で作った人間だった。

記念碑のように、こういう公園などに立つ像を銅像という。しかしここにいる小父さ

天王川公園（絵はがき） 個人蔵

んの姿は銅像ではなく、石で作った石像なのだ。しかもその姿は全身ではなく、胸から上の胸像というのである。それにかなり大きい。頭など私の倍はあるだろう。きっと偉い人に違いない。

大人になって識ったことだが、この人物は津島市出身の野口米次郎で、彼はアメリカへ渡ったりして、日本の伝統芸術の理解者として広く内外に識られた人だったのだ。本名よりもヨネ・ノグチとして通っていた。ちなみにアメリカの彫刻家イサム・ノグチは彼の子供である。これも立派な人物である。

はからずも小学二年生の私は、こうして大人物と肩を並べて飯を食ったのである。柳橋の駅も押切の駅も今はない。

名古屋駅界隈と言いながら柳橋まで来たついでに、もう一カ所訪れたいところがある。それは名宝劇場である。

名宝、という呼び名に、名古屋の人びとはどれほどの想いをもったであろう。もちろん人それぞれによって違うが、その違いの大きさに人びとの想いには幅広いものが感じられる。それほどに名宝の二文字は、強く人びとの脳裏に刻みこまれているのである。

名宝の正式の名は、名古屋宝塚劇場というのか。その名のとおり、ここは劇場だったのだ。ちょうど東京有楽町の日劇のような感じなのだ。演劇や歌謡曲のショーや、それに映画もやる名古屋で一番の劇場である。名古屋にはほかに歌舞伎専門の御園座もあるが、名宝はより大衆的で、それだけに市民に親しまれていたのだ。しかし料金は高い。庶民がしょっちゅう行けるところではなかったのもたしかだ。

私もここで映画や舞台を観たが、小学校からでも映画鑑賞で行ったことがある。はじめに観たのは「姿三四郎」である。漱石の三四郎ではない。かの有名な柔道の三四郎である。そのとき彼がどういう技《わざ》で相手を負かしたとか、そのストーリーがどういうものだったかということを、いま想い出すことはできない。しかしただ一カ所、鮮明に覚えていることがある。

それは雪が降っている山の中で、三四郎の宿敵ともいうべき兄弟の一人が、白い着物姿で、狼の遠吠えのような声で山に向かって吠えている場面である。兄弟は三四郎に対して妖術でも使うのか、何か不吉を思わせる存在であったようだ。その男は多分弟のほうで、叫び声はどこか悲痛なものを感じさせるものがあり、私もかなり脅えたぐらいだ。三四郎役は藤田進という俳優だったと思う。

つぎに観たのは「海軍」という映画だった。この頃はまだ戦争が始まって間もない頃のことで、日本軍もマレー沖海戦で、イギリスの戦艦プリンス・オブ・ウエールズを撃沈させて意気が上がっていた。ただ映画では、その場面があったかどうかは記憶にない。この映画はそういうのではなく、当時茨城県の霞ケ浦にあった、海軍の航空兵養成のための機関での現況を紹介するもので、訓練生のことを予科練といった。予科練の名は当時の青少年の間には、広く憧れをもって伝えられたのだ。

映画ではその訓練の模様が随所で見られた。その一場面を想い出す。その日訓練生と教官が、同じ訓練用の飛行機に搭乗して基地を飛び立つ。そして間もなく、飛行機が水平飛行となってやや落ちついた頃、教官が訓練生に告げた。「あれが筑波山《つくばさん》だ。あの山を目印《めじるし》にして行け」と。そして機体がやや傾くのだ。

私はこのとき筑波山という名を初めて知った。その響きに何か感じるものがあったのか、その名をすぐに覚えた。後年大人になった頃、私はその筑波山の近くを回遊したことがある。その山は夕方になると、日没間近の太陽の光によって、七色に色を変えるという。

しかし私が見たのは昼間だった。ところがその山の姿は、周遊の角度によって、形が次つぎと変わるのには驚いた。山は二つの頂上をもった連山のようなときがあるかと思えば、まるで槍の矛先《ほこさき》のように、天に向かって鋭く尖って見えるときもあるのだ。不思議な、しかし何かを秘めた山のようでもあった。山は関東平野に突き出た常総台地の先にあった。

映画の話が出たところで、中村遊郭の近くに住む者にとっては、どうしても記憶に留めておきたいものがある。それは附近の住民にとって名宝以上に親しみのある映画館である。その名を常楽館《じょうらくかん》という。ところがその辺りの住民は、その映画館のことを、第三封切りとか第四封切りと言って揶揄した。

これは映画の作品が、市の中央部の映画館で最初に封切られてから一カ月も二カ月も経ってから、やっとここへ廻ってくることをいったもので、そこには多分に自嘲を込めたものがあった。しかしそれでも彼らは、そこへは足繁く通ったのである。子供のくせに、私もその一人だった。

映画は邦画のほかに、時には洋画もやった。洋画といってもそんなに高尚なものではなく、ターザン映画やアメリカの喜劇俳優キートンが演じたものぐらいである。子供が観るにはやっぱり日本映画だ。

私が小学一年生のときに、母に連れられて観た映画に「父は九段の桜花《さくらばな》」というのがあった。当時日本は支那事変といって中国と戦争状態にあった。そして映画の主人公もその戦場にいたのだ。映画はその留守家族の日常生活を描いていた。

ところがその家族に、突然不幸が襲ったのだ。家族の一員である少年が死んだのだ。交通事故か食中毒によるものか。しかも不幸は続き、戦地にいたその父親までもが戦死してしまった。私はそのストーリーをおぼろげながらも想い出す。映画の最後は、戦死した父親が軍服姿で、靖国神社の参道の鳥居を潜って歩いている模様が、両側の桜並木と二重映しになり、最後に「父は九段の桜花」という文字が大きく映って終わったのである。

これは悲しい映画だった。それでも世の母親たちはそれを観たのだ。私はその後間もなく、母と一緒にこの映画を再び観ることになる。考えてみると、これは反戦映画ではなかったかと思うのである。そこにはたしかに、当時の庶民の強い意志が感じられた。

明くる年、小学二年生になった私は、今度は父に連れられて常楽館に入った。今度の映画は「国姓爺合戦《こくせんやかっせん》」という。今の中国が明といっていた頃、そこの武将が日本の九州に逃れてきて、日本人妻との間に生まれた和藤内《わとうない》という若者がのちに明に渡って、明国復興のために活躍するというストーリーである。

これは歴史上どこまでが確かなのかは分からないが、九州の平戸には和藤内が少年時代に、そこに住んでいたと伝えられる場所が何カ所かあるという。しかしこれは近松門左衛門の、同名の浄瑠璃作品によるもので、史実とは言いがたいと言われている。ただ和藤内の後身といわれる鄭成功《ていせいこう》は実在の人物であり、今でも台湾には、彼の功績を称えるものが各所に残っている。

映画の中では想い出す場面がいくつかある。和藤内が竹林の中で虎と遭遇する場面では、彼が虎を睨み返してそれを退ける。また敵味方が和平の会議の途中で乱闘となって戦う最中に、突然豪雨が襲い、双方が戦いをやめて大喜びではしゃぐ場面がある。このときは旱魃で、兵士も農民も喘いでいた。そこへ恵みの雨だったのだ。

父と母とでは、私を連れて観にいくものが、おのずと違っていた。それは男と女の違いだった。そのあと私は、一人で映画を観にいくことになった。多分それは、遊郭の友だちのせいだったと思う。彼は自分も、多分一人で観にいった映画のことを、学校の帰り道でよく話してくれた。

私はこのあと母から、一人で映画を観に行くのは不良の始まりだといって窘《たしな》められた。そこでそのあとは、友だちか、さもなくば弟を連れて二人で行くことにした。私にしても不良少年にはなりたくはなかったからだ。

友だちと私とでは、観る映画の好みが違っていた。彼はチャンバラものが好きだったが、私は髷《まげ》をちゃんと結った武士や侍が登場するものが好きだった。ただ二人とも、エノケンの映画は好きで、彼のものはよく観た。

ある日、二人で一階の席に座っていると、二階のバルコニーの席で、学校の先生がいるのに気づき、互いの目が合った。例の「太閤記」を読んでくれた担任の先生だった。その気まずさで、私たちは目礼することもできずに目をそらした。別に悪いことをしたわけではないが、やはり気がひけた。その先生はこの近所の二階に、独りで住んでいるようだった。

母は一人で映画を観にいくのは不良の始まりだと言ったが、私には映画を観にいくだけの小遣いはちゃんとくれた。その常楽館は空襲によって焼失した。惜しいことをした。地元の人びとにとっては、名宝よりもずっと親しみのある映画館だったのに。

ところがその近くには、もう一つの小屋があった。旭座といって浪花節専門の小屋である。常楽館よりはやや小さく、浪花節の常設などというのは、やはり遊郭の隣町にあったからなのか。戦後は映画館になり、私は初めてそこに入った。「狐の呉れた赤ん坊」というので、阪妻《ばんつま》こと阪東妻三郎が演った映画だ。

その旭座には、二階に桟敷席があった。私は友だちとそこへ上がってみた。そして胡《あ》坐《ぐら》をかいてそこに座った。しかしあまり座り心地のよいものでない。昔の芝居小屋はみんなそのようにしたようだが、私たちは十分とは耐えられなかった。そして元の一階の椅子席に落ちついたのだ。

広小路通りを行く

名古屋駅前から笹島を経てさらに東に向かうと、納屋橋の上に立つ。その下を流れるのが堀川で、昔も今もあまり奇麗とはいえない。関係者による努力のことは聞いている。一日も早く、橋の上からその流れを見下ろすのに耐えられるようなものにしたいものだ。

広小路通りというのは、笹島の辺りから始まり東へ覚王山辺りまで続いているようだが、この納屋橋を境にして、街の様子が少し変わるような気がする。名宝や朝日新聞の建物の前を通り少し東に行くと、今の伏見辺りに出る。幼児の頃、その辺りに桑名町という市電の停留所があったのを想いだす。夜だったので、赤い縦長の標識燈がはっきりと読めた。

その辺りからは町並みが一変して、銀行街になる。したがって商店は少なくなる。銀行街といっても、一部を除いてそれほど大きな建物はない。たいていは東京や大阪に本

郵便はがき

料金受取人払郵便

名古屋中局
承認

6624

差出有効期間
2025年5月31日
まで

460-8790

101

名古屋市中区大須
1-16-29

風媒社行

注文書◉このはがきを小社刊行書のご注文にご利用ください。

書　名	部数

郵便振替同封でお送りします（1500円以上送料無料）

風媒社 愛読者カード

書　名

本書に対するご感想、今後の出版物についての企画、そのほか

お名前　　　　　　　　　　　　　　　　　　　　（　　　歳）

ご住所（〒　　　　　　　　　）

お求めの書店名

本書を何でお知りになりましたか

①書店で見て　　②知人にすすめられて

③書評を見て（紙・誌名　　　　　　　　　　　　　　　）

④広告を見て（紙・誌名　　　　　　　　　　　　　　　）

⑤そのほか（　　　　　　　　　　　　　　　　　　　　）

＊図書目録の送付希望　□する　□しない

＊このカードを送ったことが　□ある　□ない

名古屋で見つける化石・石材ガイド

西本昌司

地下街のアンモナイト、赤いガーネットが埋まる床……世界や日本各地からやってきた石材には、地球や街の歴史が秘められている。

1600円＋税

ぶらり東海・中部の地学たび

森 勇一／田口一男

災害列島日本の歴史や、城石垣を地質学や岩石学の立場から読み解くことで、観光地や自然景観を〈大地の営み〉の視点で探究する入門書。

2000円＋税

名古屋からの山岳展望

横田和憲

名古屋市内・近郊から見える山、見たい山を紹介。山の特徴やおすすめの展望スポットなど、ふだん目にする山々がもっと身近になる一冊。

1500円＋税

名古屋発 日帰りさんぽ

溝口常俊 編著

懐かしい風景に出会うまち歩きや、公園を起点にするディープな歴史散策、鉄道途中下車の旅など、歴史と地理に詳しい執筆者たちが勧める日帰り旅。

1600円＋税

愛知の駅ものがたり

藤井 建

数々の写真や絵図のなかからとっておきの1枚引き出し、その絵解きをとおして、知られざる愛知の鉄道史を掘り起
こした歴史ガイドブック。
1600円＋

伊勢西国三十三所観音巡礼

◉もう一つのお伊勢参り

千種清美

伊勢神宮を参拝した後に北上し、三重県桑名の多度
辺まで、39寺をめぐる初めてのガイドブック。ゆ
を巡る、新たなお伊勢参りを提案！
16

写真でみる 戦後名古屋サブカルチャー史

長坂英生 編著

ディープな名古屋へようこそ！〈なごやめし〉
い名古屋の大衆文化を夕刊紙「名古屋タイ
真でたどる。

広小路（絵はがき）　伏見の辺りから栄町方面を見る　伊藤正博氏蔵

店のある名古屋支店ということで、規模もそれなりのものだ。それでもやはり、名古屋を代表する銀行らしい構えを見せている。

その一つ二つが今も残っている。通りの北側にある建物は戦前からのもので、低層ではあるがどっしりとした構えで、建物を支える柱も太く、これはギリシア神殿風で風格がある。ぜひ後世にまで残しておきたい遺産である。

ある日あるとき、私はその建物の中に入ったことがある。大人になってからの話だ。用があったわけではない。誰か知人か先輩の後ろにくっついて入ったのだ。中はびっくりするほどの大きな部屋で、建物全体がその部屋一つの感じなのだ。私はまじまじと辺りを見回した。すると変なものを見て首をかしげた。

三井銀行名古屋支店営業室（絵はがき）　個人蔵

床から高い天井までのちょうど中間ぐらいの高さのところに、三方の壁に沿って、手摺りのついた廻廊のようなものが巡らされているのである。その廻廊の幅は一メートルぐらいと、やっと人が通れるほどのもので、そのほかには何の設備も補助的なものもない。いったいこれは何だろう。私は興味というよりも、ある不審感さえもった。

後日私は、知人の銀行員にそのことを尋ねた。すると彼の答えはこうだった。あれは行員である従業員の、不審な行為を監視するためのものであるという。私はその一言にまさかと思ったが、それは事実なのだ。銀行の管理者は、時によりそこに出て廻廊を巡回し、彼らの背後と高所からその働き振りを見守るということなのだ。

働き振りといっても、仕事振りのことではない。行員の中に、何か不祥事を起こす動きがあるのではと見張っているのだ。もちろんそんなことは、ほとんど起きることではない。しかし絶対にないとはいえない。過去にそういうことがあったからだ、残念なことに。

役目とはいえ管理者も気が進まない仕事である。そして監視されている行員にしても、その目をどうしても意識する。私はその話を聞いて、銀行員という世の人から見れば高等な人間に見える彼らが、大理石の檻の中に入れられているような状態にあることに、或る白《しら》じらしさを感じてしまった。

広小路通りをさらに東に行くと、やがて森とはいえないほどの木立を左側に見ることになる。その中に社があり、正面は電車通りに面している。朝日神社だ。境内のいちばん前に鳥居があり、その横に駐在所がある。それは昔と変わらない。

子供の頃、私は父に連れられてここへ来たことがある。夏祭りのときのことで、境内には屋台も出ていて賑わっていた。駐在所がここにあることに、私はあの中村遊郭の中にある駐在所を想い出す。その存在に、どこか親しみが感じられるからか。都会の繁華

十一屋屋上より西を見る。中央右の木が茂っているところが朝日神社（絵はがき）個人蔵

街の中にあって、このお宮と駐在所は、その前を通る市民をほっとさせてくれる。老人ばかりでなく、普通の大人の人も、通りがかりにふと足を止めて、手を合わせて去っていくのを私は時どき見る。

朝日神社のすぐ東、道を一本隔てて、かつて十一屋という百貨店があった。その建物はどういうわけか、電車通りに面して西側の三分の一ほどが三、四階の低層で、あと東側は七、八階の大きな建物だった。どちらかを継ぎ足したのか。見るものには何か違和感がある建物だった。

その建物に私は何回も入ったことがある。小学校の高学年か中学生になったばかりのころか。私はもともと高いところへ上がるのが好きで、たいした買い物もないのにそこへ入ったのだ。そして友だちを誘っては屋上に行く。そこには子供向けの遊園地などはなく、南側にベンチがあるだけだった。

私はそこまで行くと、早速遠くを見渡した。しかしたいしたものは見えない。だいたい名古屋には、デパートの屋上に上がって周りを見廻してもたいした建物はないのだ。しかしそれを承知で私はそこへ行く。よほどの馬鹿か。

十一屋　産業之日本社『大名古屋案内』

ところがある日、私はその屋上から下界を見下ろしていたときに、異変を見てとった。電車通りの向かい側で、大きな工事が始まっていたのだ。左右に拡がった土地は、十一屋ほどの大きさもある。そこでは大きな鉄骨が、今にも地中に埋めこまれようとしている。その鉄骨の太さから、私はそこに、かなり大きな建物が建つのを想像した。

数カ月か一年以上経ってからか、私はそこに三階建てのいかにも堅固な建物を見ることになった。しかもその建物も百貨店で、名を三星《みつぼし》としてある。百貨店同士が向き合うことになる。そこにどんな経緯があったのか。そんなことは子供の私が知ることではない。

その後また異常が起こった。やがてその三星百貨店は営業を止め、今度はその上に新しい建物が建つというのである。三星百貨店の基礎工事はよほどしっかりとしたものだったのだろう。その上にかなり重い建物を継ぎ足しても大丈夫ということで、この工事は始まったらしい。

そして完成したのが、近年までそこにあった丸栄百貨店なのである。そこまで知っている人は、今あまりいないと思う。しかし私は、その工事の始まりを、十一屋の屋上から眺めていたのである。これは嘘ではない。私の少年時代の記憶力はたしかなものである。

十一屋の先はもう栄町の交差点に出る。市電はここで交差する。笹島の方から来た線はさらに東新町や今池方面に延び、北の大津橋方面から来た電車は、遠く熱田神宮の方

栄町角。左端が日本銀行名古屋支店、正面右側に建つのがサカエヤ
名古屋市提供

面に向かっていく。その交差点の東北の角に、日銀の名古屋支店の建物があったと聞くが、私はそれを見ていない。

ところがその反対の西南の角に、これまた百貨店があったのだ。そこをさかえやと言ったか。さほど大きくなかったようだが、赤煉瓦のようなその建物は、やはり重厚な感じがして威厳があった。ある日、この日も私は母と一緒にその中に入った。そして多分二階だったと思ったが、私はそこで母からクレヨンを買ってもらったのだ。いまどきクレヨンなどあるだろうか。色鉛筆ともまたサインペンとも違う、絵を描く道具だ。小学校では低学年の児童はこれを使い、高学年になるとクレパスを使う。クレパスは柔らかくて描きやすいので、私はこのほうが好きだった。

しかしこの時私はまだ五歳で学校にも上がっていないので、母はそれに決めた。六色で六本のクレヨンだった。それが色の基本なのか、赤、青、黒、緑、茶と、あとは黄か白のどちらかだった。クレヨンは幼児向けらしく、直径が一センチ近くもある太いもので、それが六角形で一〇センチぐらいもある長いものだった。私はそれを手にとって、強い愛着をもった。

私は家に帰ると早速母に画用紙をもらい、すぐに描きはじめた。市電の車体を正面から見たものだ。四角く縦長の車体には三つの窓があり、その下に人間の片目のような電燈があり、屋根は両端《はし》が丸く、車体の下にはレールが前に延びている。今になって気がついたのだが、そのときの車体の色は茶色で塗っていたと思われる。じっさいに市電の色が茶色だったのか、私がその色が好きでそうなったのかは分からない。人間はその色の好みによって、その性格が分かるという専門家がいる。そういえばその好みはかなり強いもので、私は成人してからでも、着るものや所持品などでも、自然とその色のものを持っていたのだ。市電の絵は旨く描けたと思う。

新愛知新聞と名古屋新聞

当時私の家では、父が新愛知新聞をとっていた。子供の頃、私はその新聞の紙面に多少の興味をもった。見出しや写真が大きければ自然とそこへ目がいく。といって、その内容を理解することはまだできなかった。それでもその大きな見出しに、大変なことが起こったのだという考えは閃《ひらめ》いたようだ。

ある日の夕刻、私は外から帰ってきて戸口にあった夕刊を見た。そこには大きな見出しと大きな写真で、政治家の西園寺公望《きんもち》が亡くなったということが報じられていた。もちろん私が初めて聞く人物の名だった。それまでに日本の政治に大きな影響力を持っていて、政界にとっては大きな損失だということを、その後新聞やラジオで聞いたが、私には何も理解ができるはずもなかった。

彼は公家の出身で、新聞の写真でもそのような顔をしていた。威厳があるとはいえないが、恰好をつけているような顔だと、私は子供心にもそう思った。最近では高齢のため、その影響力を失っていたとラジオなどは言っていた。名前の公望はこうぼうと読める。

つぎに私が見たのは、これも新愛知の夕刊で、日、独、伊三国同盟成るという記事だった。これは少し分かった。前から日本が、ドイツと仲が良いということは知っていた。そこにイタリアを加えて同盟を結んだというのである。ところがその背景や、当時の政治情況については、私の頭では何も分からなかった。またそれ以上に知ろうともしなかった。ところがこれは、日本にとっては重大なことだったのだ。その経緯をここで説明しても始まらない。その記事を見て私は希望も感じなかったし、不安も感じなかったのだ。単純な話である。

大きな見出しの活字には、これまた大きな写真が載っていた。どこかの戦場で、塹壕の中から一人の兵隊が顔を出し、銃を構えているというものだった。私は見出しとその写真がどういう間係にあるのか分からなかった。私の頭の中で首をかしげていた。

もう一つは、これは私のまったく珍妙な発想から生まれた話である。ある日ある時の朝刊に、第八十三国会始まる、という記事が載っていた。私はこの戦争の時代にも、国会などまだやっているのかと、不思議な気持ちだった。しかしそれよりも、私はこの八十三という数字が妙に気になった。

常日頃、私たちはその身の回りに無数の数字を感じながら生活をしている。それをいちいち気にしたりこだわったりする必要もないが、時によりその数字に妙に惹きつけられることもある。他人のことは分からないが、私にはそれがある。この八十三国会という活字を見たとき、私はそこに或るものを直感したのだ。

私はその八十三という数字を見て、将来もこの数字を忘れることなく、どこかでそれを思い出すようにと念じたのである。数字そのものに込められたものは何もない。語呂がいいというわけでもない。しかしどこか惹かれるところがある。馬鹿げた、たわいない発想だったが、私は心にそう決めたのだ。そしてそれが現実のものとなって、いまに至るまで、私はその八十三という数字を時により想いだすのだ。この現象を何と説明したらよいのか。摩訶《まか》不思議な話である。

私の家の近くに、名古屋新聞に勤めている小父さんがいた。小父さんがそこでどんな仕事をしているかも知らないし、名古屋新聞という名も、私は初めて聞いた。ところがその小父さんが町内の子供たちに、新聞社の中を案内して見せてやろうという話がもち上がって、それが実現したのだ。

その日、子供たち十人ばかりが小父さんの引率で名古屋新聞の社屋に向かった。場所は中区の若宮大通りの北側で、東西にある東洋通りに面していた。私たちは早速その中に入った。ただそこで何を見たのか、記憶はない。

その後私たちは、建物の屋上のようなところに出た。そこがいちばん上ということではなく、近くにはもっと高い、塔のようなものが立っていた。それが何ものかはあとで分かる。とにかく私は屋上に立っていたのだ。そして南の方に目をやった。

そのときである。私は視界の右の隅から何やら動くのを見た。坂をゆっくりと下りていく電車だった。しかしそれは市電とも違っていた。その違いはなんとなく分かった。電車はやがてスピードを上げて東の方に向かっていく。私はあとで、その電車は千早線という、名古屋の市電とは別の鉄道で、矢場町から千早まで行く電車であることを知った。千早というところがどの辺りにあるのか分からなかったが、そんなに遠くないところであることだけは、なんとなく分かった。その千早線は間もなく廃線となった。

次には、さっきより見上げていた高い塔についての説明があった。それは航空燈台と

名古屋新聞社社屋と航空燈台　『名古屋新聞社史—創立三十周年記念』

いって、海辺にある船舶向けの燈台と同じように、空飛ぶ飛行機に向けてのものだった。私たちはそんなものがあるとは知らず、無邪気に感嘆の声をあげた。それは私がまだ見たこともない光景だったが、夜になるとその燈台の頂上部分からは、空に向けてほぼ水平に光を回転させるのだ。

その後私は、その回転する燈台の灯を事あるごとに見ることになる。私だけではなく、名古屋市民はその光を見て、しばらくうっとりと見とれるのだ。これは名古屋の名物の一つだった。そしてその光は、名古屋の夜空を永きにわたって照らし続けていたのである。

やがて名古屋新聞と新愛知新聞とが合併して中部日本新聞になったとき、その社屋は中日会館として存続することになる。しかしそれでも航空燈台は光を放ち続けていたのだ。ところが時代は、戦後急激に変化していく。間もなく中部日本新聞は中日新聞となり、社屋も現在のところに移ると、老朽化した旧名古屋新聞の社屋も取り壊されることになり、航空燈台の使命もそこで終わった。

ところが終わったかにみえた航空燈台は、今度はまた別のところで復活することになったのだ。新しく建てられた中日新聞の本社近くに、名古屋タイムズの四階建ての社屋ができ、その上に燈台が備えつけられて、元のような光を放つことになったのだ。

しかしそれから何年か経って、残念ながら燈台は、本当にその使命を終えることになった。空飛ぶ飛行機は、地上からの燈台の光によらずとも、電波という目に見えないものによって、安全に航行することができるようになったからである。時代の移り変わりによるものとはいえ、去っていくものを見送るのは、いつも寂しさがつきまとう。

中日会館はその後どうなったか。じつは栄町辺りからはそれほど遠くない東洋通りに面したこの建物に、私は何回も通ったことがある。通ったという言い方は少し大袈裟だが、そこへはよく行ったというわけである。じつは会館の中に、劇場というには小さすぎる、しかしそれに似たホールがあったのだ。幅は一〇メートルぐらいか。舞台もその程度で奥行きもそれほどない。そして客席は後ろの方になだらかな勾配があるものの、せいぜい二十列もあればという感じだ。何かの行事があるときには、当然後ろの方は立ち見となる。入口は後方の右側にあった。

私はここで、中島健蔵の演説を聴いたことがある。その人は東大の教授もやった偉い人だった。講演というよりも、そのときは京大や名大の先生方も来ていたので、これは討論会というようなもので、そのテーマは「比較文学について」という難しいものだった。私には初めての学問だったが、結構面白かった。

その次に観たのは、高校演劇コンクールの舞台だった。これは愛知県下の高校演劇クラブの活動を推進するためのもので、毎年定期的におこなわれていた。その会場となったのが、この中日会館だった。当時名古屋にはこういう催し物をやるのに、この程度の会館やホールもなかった。名古屋のことを芸処《げいどころ》とか何とかと言い自慢していても、その実態はいかにもお粗末だったのだ。その傾向は今でも続いている。

その会場で私は偶然ある友人に会った。中学時代からのもので、彼は私以上に演劇に熱心だった。後年、女性のコーラスグループを指導したぐらいで、彼は才人だった。私とは比べものにならない。昭和二十年の終戦時に、中国上海の日本中学にいて、その後帰国し、東京の学校から私たちの学校に転校してきたのだ。中日会館ではこうしたこともあったのだ。

中日会館はあと何回か行った。収容人員の少ない、手狭でお世辞にも立派とはいえないホールだった。しかしそこを利用する若者は多かった。それに演劇などの関係者以外の者でも気軽に入ることができた。こういうホールを、もっと多く作ってほしいと思う。

大須の盛り場と熱田神宮と

大須観音は東京の浅草観音と似ていると、よく言われる。しかし私はそうは思わない。街の店の並びや雰囲気全体のことを言うのだろうが、だいぶ違う。違っていいと思うし、大須は大須でよいのだ。これ以上どうにもなるものでもないからだ。

とはいえ名古屋市民にとっては、大須というだけで、どこかわくわくしたものを感じさせる場所である。それは年寄りだけではなく、若者や子供に至るまでもそう思うのだから、大須はやはり、えもいわれぬ不思議な魅力を秘めたところなのだろう。私もそれを素直に認めたい。

ところで私が初めて大須の雑踏の中に足を踏み入れたのは、小学校一年生のときのことである。それもお正月の一月三日だった。その日は近所のお兄さん格の少年といってよいのか、青年になりかけた若者に連れられてのことである。その頃の私は、よくそういう大人の誘いにのって、あちこちに出歩いていた。騾馬《らば》が引く植木屋の馬車の荷台に乗ったり、時には遠く現在の尾張旭市にある亜炭坑の採掘現場に、現場監督のような小父さんが運転するトラックの荷台に乗ったりと。今になって考えると、母がよくそれを許してくれたと思う。

その日は家から、二人で歩いて大須に向かった。距離にして三キロぐらいか。小学一年生にしてはよく歩いたほうだ。そして大須に着いた途端、私たちはいきなりその雑踏の中に包みこまれてしまった。私より背の高い人たちばかりだった。間もなく二人は、ある建物の前に立った。映画館だった。太陽館とかいった。

この日私は、映画を観るために大須にやってきたのだ。近所には常楽館もあったが、

太陽館　阿部英樹編著『占領期の名古屋―名古屋復興写真集』140ページ

場末のそんなところではやっていない、洋画を観にやってきたのだ。映画の題名は「戦艦エムデン」。私は子供心にも、その響きに心地よい題名をすぐに覚えた。エムデンとはドイツの軍艦の名前だった。

映画館の中はすでにお客で一杯だった。私は腰掛けることもできずに、客席の後ろにある手摺りにつかまりながら、立ったままその映画を観た。終わりまでそのままだった。映画の粗筋は次のとおり。

第一次世界大戦の時のこと。当時ドイツは、ヨーロッパ周辺のほとんどの国を相手として戦争をしていたのである。東洋の国日本もドイツを敵としていた。戦艦エムデンは、その戦争のはじめ頃にインド洋に出没していたのだ。しかもそれは戦艦ではなく、三本煙突の巡洋艦だった。戦艦はその大きさから四本の煙突でないとそう認められない。そこでドイツは、その巡洋艦を敵に強く見せるために、木で作った煙の出ない煙突を備えつけ、四本煙突としたのである。しかしエムデンは通常の戦艦以上の働きをした。

インド洋に姿を現したエムデンは、そこを通るイギリスの商船や軍艦を狙った。イギリスは海洋国である。それに植民地をアジアに多く持っている。エムデンが狙う標的はいくらでもあった。この頃には二十隻以上のイギリス商船がその犠牲になった。

エムデンはイギリス商船を襲うのに一つのやり方があった。それは海上でイギリス商船に出遭ったとき、いきなり相手側を砲撃するのではなく、まず彼らに降伏の意志があるかないかを確かめるのである。軍艦と商船では相手にならない。そこで商船は降伏を了承する。そしてエムデン側の協力を得て、乗組員全員を、ボートを使ってそこから脱出させるのである。

そのあと商船は砲撃によって爆沈される。しかし一人の命も失うことはなかったのだ。これがドイツの軍人のやり方だった。いやドイツ民族の矜持といってよい。しかしそのエムデンも最後を迎える時がやってきた。味方の軍艦の援軍もないままに、オーストラリア海軍の軍艦に追いつめられ座礁し、その後沈没するのである。

この映画は洋画といっても、イギリス映画のようだった。軍艦同士の大砲による撃ち合いがもの凄く、それはイギリス側の砲撃が主で、エムデンは彼らの望遠鏡の中で、絶えず揺《ゆら》いで映っていた。私の印象はそこまでだった。

映画館を出たあとはどこへも寄らなかった。私たちは食事も何もとらずに、大須観音の西口ともいえる方に向かった。そのとき私は、境内らしい広場の片隅に、東向きのかなり大きな建物を見た。それが大須観音だったのか。しかし私は、そのお寺がどんなに有名で有難いところということも分からず、ほとんど何も感じなかった。ただお寺の建物を前にしたときの印象は、なぜか晴れやかなものではなかった。

建物は横に長く、屋根も本堂らしい場所も低い感じがした。そしてかなり古い建物のようで、全体が灰色、というよりも、鼠色のように汚く見えた。しかしそこまで見ても、私にはこれが有名な大須観音だという感じはまったくなかったのだ。家へ着くまでの間、兄さん役の人との会話もなく、ただ戦艦エムデンという名は、たしかに幼い私の記憶の中にいつまでも残ったのだ。

このときの私の記憶はおぼろげだった。大須観音の本堂は立派なもので、別のところに建っていたのかもしれない。しかし私は、古く汚れた感じの本堂らしい建物をたしか

大須観音　名古屋市提供

にこの目で見たのである。

熱田神宮へ行ったのもこの頃だった。そのときは前の家の小母さんと母とだった。家から栄町までは電車で行って、そこで乗り換えた。そこで乗った電車のことはよく覚えている。車体の色は濃い茶色で、乗降口のステップは高く幼児には難儀だった。

車内は混んでいた。それに薄暗い。出入口の横に、細長い楕円形の磨りガラスの窓があったが、それが幼い私には印象的だった。車内の床は、下に車輪があるのかその辺りは高く、反対に出入口附近は低いので、歩くのに少しわずらわしい。そのためベンチ風の腰掛けも、座るときに真ん中辺りは足が床に届いても、両端は、足の短かい幼児には無理だった。

この日私たちは、熱田神宮へ行く前に、「高座《たかくら》の井戸覗き」ということで世に知られている、或る場所に向かった。小学校へ上がる頃になって、私は母から、そこへ行って井戸を覗いたということを何回も聞かされていた。その井戸覗きという言葉には、何か神秘的なものを感じさせるものがあったのだ。

ところが私は、その場所がどこかということがどうしても想い出せない。自分がこの世に生まれてから間もない頃、母親が我が子の無事な成長を願って、自らと一緒に、子供を抱いてその井戸を覗いた母の姿に、強く一途な姿を想うのである。この世に母性愛ほど崇高なものはないと思う。

その井戸は高座結御子《たかくらむすびみこ》神社といって、熱田神宮の摂社で、いま地下鉄の西高蔵のすぐ東に入ったところにあることがあとで分かった。熱田神宮からは少し北にある。私はそのあまり大きくない井戸に、母に抱かれて覗いた記憶がかすかにある。遠い昔の、それこそ前世の想い出である。

熱田神宮の本殿に参拝した記憶はない。ただその前かあとにか、参道の左側に小さな小屋のような建物があり、その中に白い馬が繋がれていたのを想いだす。ただそれが、小学校に上がってからのことかもしれず、そのへんは判然としない。白馬は、天皇陛下の乗馬が払い下げられたものだということを、あとで聞いた。

本殿をあとにした私たちは、真っすぐ南に歩いて行ったと思う。私はそこに、突然巨大な建物を見た。それは神宮の正門だった。その門を潜って外へ出ると、十段ぐらいの階段が下にあり、そこは南にかなり高い場所だったのだ。そこに立った私は、また振返ってその巨大な門を見た。門は真っ赤に、まぶしいぐらいの色をしていた。私は傍で立ち話をしている母と小母さんをよそに、いつまでもその赤い大門を見上げていたのである。これは強烈な印象だった。

しかしいまはその門はない。アメリカ軍の空襲で焼けてしまったのだ。それ以来門は再建されることもなくそのままになっている。神宮に参拝する人の流れがあるのか、いまは東門の鳥居をくぐる人びとが多い。しかし赤い門は、熱田神宮の本来の正門である。どんな事情があるにしろ、私はこれを残念に思う。

熱田神宮に参詣したその頃に、このときも家の前の小母さんと母とで、八事の塩釜《しおがま》神社に参詣した。市電で八事まで行った。多分今池か大久手辺りで乗り換えたと思う。このお宮は安産祈願のために、世のお母さん方がお参りするところである。高座の井戸覗きといい、この塩釜神社といい、人の子の母親の我が子を想う気持ちには、何ものにも代えがたいものがある。

市電がやがて終点の八事に差しかかったとき、私はその前方に思わぬものを見て、目を見張った。電車が今にも停まろうとしたその先に、郊外電車にあるようなプラットホームを見たのだ。私はなんだか嬉しい気分になった。間もなく電車は停まり私はそのプラットホームの上に降りた。

そこは市電が今まで走っていた道から逸《そ》れて、突然民家の裏側の行き止まりのようなところにあった。八事はまだ名古屋の田舎だったのか。だから郊外電車のプラットホームがあるのだと思いながらも、その景色は私にとって何か珍らしく大切なもののように映っていたのである。

電車を降りると、目の前には大きな広場が広がっていた。そこは広場ではなく、八事の交差点だった。向こうにはバスが一台止まっていて、私たちはそれに乗ることになった。バスにはすでに大勢の人たちが乗っていた。私たち三人はやっとそのバスに乗ることができた。

　私の記憶はそこで途切れた。そして次の場面は、塩釜神社の前の境内に私が立っているところからまた始まる。そこは八事でバスに乗ったものの、すぐのところにあったようだ。ただそこは、あの八事の広場からはかなり高い。山とはいえないにしても、周りの景色を下に見るほどの小高いところにあったのだ。

　社がどれほど大きなものだったかということは、まったく覚えていない。だいいち私は、母や小母さんが手を合わせているであろう姿さえ見ていない。私はそれよりも、拝殿を背にして眼下に広がる遠くの景色に見とれていたのである。私はそれが性癖なのか、どこへ行ってもすぐ高いところへ上がりたがる。いまこの齢になっても、バスに乗ると後部座席のいちばん高い椅子に腰掛けるのだ。

　そのとき私はどこを見ていたのか。今になって思うと、多分東南に広がる平野のなかほどに、一筋の光を見ていたのではないかと想像するのだ。それは天白川だったのか。しかしそれは違う。いくらなんでも、幼い私はそこまでは意識していなかったと思う。しかしじつはその六、七年後に、私は再び、まったく同じ場所に立っていたのだ。これは不思議な巡り合わせだった。

昭和二十年の四月に、私は中学生になっていた。戦争も終わりその年の秋のある日、私は学校の友人に誘われて彼の家に遊びに行くことになった。それが八事の山の手、しかも塩釜神社の少し西寄りの山の上だった。その辺りはその当時に宅地用に開発されたのか、山を遮二無二掘ったり削ったりして、いたるところ、赤土が剥き出しの土地にその家はあった。

友人の家もつい最近に建てられたらしく、何もかも新しくぴかぴかに光っていた。私たちは、彼の母親が出してくれたお茶を飲んで、座敷で少し話をしただけだった。そしてあまり長居はすべきでないと思い、私はそこを辞した。そのあと、家の玄関前に立った私は、遠い眼下に伸びやかに広がる景色を見た。その時だった。私は思わず心の中で手を打った。そこには私が幼い日の昔に見たのと同じ景色が広がっていたのだ。

私はあの時の想い出を確かめるように、視界の左に目をやった。するとどうだろう。そこには細い光が、黄色い田んぼの間に連なっていたのである。私は友人を振り返り、「あれは何?」と尋ねた。すると彼は、「あれは天白川」と答えたのだ。私はまた心の中で手を打った。

まったく同じというわけではないが、私はあの塩釜神社の境内で見た景色を、再び見ていたのだ。それは奇蹟のような出来事といってよい。かつての想い出が、現実のものとなって私はそれを目の当たりにしたのだ。滅多にあることではない。それを友人が提供してくれたのだ。

二つの動物園、鶴舞と東山

かつて鶴舞公園の中に動物園があったということを、いまどれだけの人が知っていて、さらにそこに行った人がどれだけあるだろう。私はそこへ行ったことがあるのだ。幼いときのこと。しかしその想い出は、ほんの一瞬のことだった。

そのときは、父に連れていってもらった。目の前に大きな鳥籠があった。それは籠というものではなく、高さが大人の背の三倍ぐらいはある大きさだった。広さがどれだけあったか、私は向こう側の金網までは目が届かなかった。ただ目の前にある、多くの鳥たちの動きに見とれていたのである。

私は鳥を見るのは好きだが、それに触れるのは嫌いだ。子供のとき、近所に鶏を飼っている家があって、その鶏に突っつかれたことがあるのだ。その家は家族が大勢で、それで鶏を飼っていたのか分からないが、そこには道路端に大きな籠があって、四、五羽の鶏が入っていた。あるとき私がその傍を歩いていたら、籠の入口が開いていたのか、一羽の鶏が飛び出してきて、いきなり私の腰の辺りを突っついたのだ。私はびっくりしたというより、一瞬恐怖に襲われたのだ。それはみんな痩せて背の高いやつばかりだった。顔も狂暴な顔をしていた。

しかし鶴舞公園の鳥たちは、みんなおとなしく楽しそうだった。何種類あるのか、大きいのや小さいのやらで、互いに喧嘩をすることもない。おそらく三十羽ぐらいの鳥がその籠の中にいたのだ。まさに鳥の楽園といってよい。その場所がどこにあったかも分からないし、私はこのとき他の動物も見ていないし、何も分からなかった。思えば僅か四、五分ばかりの想い出のときである。昭和十一年頃のことだ。

その鶴舞動物園が閉園して、新しく東山動物園が開園したのが、昭和十二年のことである。そしてその二年後に、私たち小学一年生はそこへ遠足に出かけたのだ。考えてみれば動物園というのは、その所在の立地条件にいろいろと制約があって、どこにでも造れるというものではない。そういうことでは、名古屋はそれを造るのに、またとない場所を選んだものだ。

東京の上野動物園や大阪の天王寺動物園などは、そこへ行くのに交通の便は良いが、動物たちにとって、その環境は必ずしもよくない。そこへいくと東山動物園は、動物たちにとっても少しはましな場所にある、といってよいのではないか。自然を切り開いたところにあり、都心よりも多少は空気もよいときている。

このとき幼い私たちにとって、動物園にいる動物は見るもの聞くものが珍らしく、一つひとつに驚きの目を見張った。園内の通路は広く、私たちは自然に右側の道を行く。そこには、多分この動物園ではいちばん大きな象がいたはずだが、私にははっきりとした記憶はない。

つぎは坂をやや上がったところにライオンがいた。これは当時東山動物園ならではの造りで、その恐ろしい動物が、なんと放し飼いになっていたのだ。後ろにコンクリート造りの高い塀があり、その前方には幅広い堀があって、深そうに水をたたえていた。ライオンはその塀と堀のある広い運動場の奥に寝そべっていたのだ。私たちが見ている間、ライオンはとうとう一声も発することなく、じっと私たちを見ていたのだ。これを百獣の王というのか。

そのあと私たちは何を見たのか。たしかに多くの動物を見たのだが、私はそれをいちいち想い出せない。しかしただ一つ気になったことがあった。右側の通路が行き止まって、帰り道の左側を歩いているとき、私の目にとまった動物がいた。一匹の熊だった。

同じような型の檻が連なっている右端の檻に、毛の真っ黒な熊が一頭入っていた。その毛がつやつやと光って見えた。その熊は、翌年母と一緒に来たときにも見ているので、これはそのときの印象かもしれないが、母が、あれは月の輪熊だと教えてくれたのだ。見ると胸の上部に、少し黄みがかった白い、言葉どおりに三日月のような毛が生えているのである。それは見事だった。

私は四つ足動物の中では、ライオンや虎と同じぐらいに熊が好きだった。その理由の一つは、熊の目はライオンや虎ほどには険しくはないということもある。優しいとはいえないにしても、人間に対しては反抗的ではない。それに彼らの動作には、猿と同じぐらいに人間に似たしぐさを見せることがあるのだ。

しかしこの日、その月の輪熊にはそれがなかった。のみならず彼は、檻の中を忙しそうに行ったりきたりし、時によるといらいらして、柵の鉄棒をかじったりする。明らかに欲求不満の姿だ。私はその月の輪熊が可哀想になり、いたたまれなかった。その檻は、彼にとっては余りにも狭く、虐待とも言えるものだった。狐や狸とは大きさが違う。そこを考えてやらなければ。

このあとは、母と一緒のときだったか、植物園へ向かう外の道路の下を潜って猿が島に辿りつく。ここは予想外の面白い施設だった。周りをコンクリートの壁で囲み、中央に大きな山を築いた発想は、とても他《ほか》の動物園には見られないものだろう。いったいどれだけの広さだろう。山はいたるところに猿穴が掘られ、その周りに五十匹ほどの猿の群が右往左往している態は、まさに猿共和国の様相

東山動物園のライオン
Pictorial Guide of NAGOYA（1952 年）

を呈している。いつまでも見飽きることのない風景である。

私は小学校の高学年になると、友人と一緒に東山動物園に向かった。そのときは市電が覚王山止まりで、公園に行く電車はあっても数が少ないと言われた。そこで私たちは歩くことにした。その道のりは至極退屈だった。道の右側には古い民家が立ち並び、景色は少しもよくない。おまけにもとやまだのからやまだの東山だのと、その途中は山ばかりである。やはり名古屋の動物園は山の中にあったのだ。それだけに動物たちにとっては、環境はましだったといえるかもしれないが。

東山動物園の猿が島
Pictorial Guide of NAGOYA
（1952年）

三　昭和の想い出　戦後の風景

名古屋城炎上と戦争の終結

戦争はいつまでも続いた。新聞やラジオなどは、日本軍がますます苦境に立たされていることを報じているが、国民にとっては、いつまたアメリカのB29の攻撃があるかもしれないという怖れの方が先だった。名古屋市内でも爆撃による焼土が広がる一方だった。その頃は、焼夷弾による攻撃よりも、爆弾による攻撃が徐々に増えてきた。

昭和二十年の四月、私は中学生になった。小学校の卒業証書は貰えなかったが、中学へ入ることはできたのだ。私立の中学で、キリスト教の学校だった。場所は東区にあり、市役所などがある官庁街から東に一キロほどのところで、近くに市電の停留所もある。家からは一時間ほどで行ける。

私たちが入学したとき、すでに校舎は焼夷弾爆撃により焼け落ちていた。残ったのは講堂と体育館だけだった。その体育館の天井附近には、大きなグライダーが二機ぶら下がっていた。そしてその体育館の片隅で早速英語の授業が始まった。先生は東京のキリスト教の大学を出た方で、音楽の先生も兼ねていた。そこで私がいちばんはじめに覚えた英語はジス・イズ・ア・ペンだった。英語は敵性語のはずだったが、中学生にはそれは必須科目だったのか。

翌日登校したら、その体育館は前夜の空襲で焼け落ちてしまっていた。前日に恰好よく見えたグライダーは、跡形もなく燃えつきていたのである。惜しいことをした。そこで授業は、当分講堂でやることになった。クラスごとの勉強など、とてもできる状態ではなかったのだ。しかしいつまでもそうはいかず、私たちは近くの小学校の教室の一部を借りて勉強することになった。何のことはない。私はまた中学から小学校へと逆戻りしただけのことか。

校舎の復興は急ピッチで始められ、やがて私たちは新しい校舎に入ることができた。そこには二年生以上の先輩はいなかった。彼ら全員が学徒動員の名のもとに、兵器を生産する大企業の工場で働いていたのだ。しかもこのときはすでに、十数人がB29の爆撃により亡くなっていたのである。痛ましいことである。

名古屋城（昭和初期）　名古屋市提供

昭和二十年五月十四日は、朝から空襲警報のサイレンが鳴った。当時学校からは、朝にそういう状態になれば登校しなくてもよいということになっていたので、午前中私は家でぶらぶらしていた。それでも敵機がいつ来襲するかも分からないということで、私は隣組の、警防団の大人たちがいる詰所のようなところへ出かけた。

そして午後になって、B29の編隊がやっと姿を現した。ところが私は、それがいつものようでないことにすぐに気がついた。編隊は名古屋の西の上空から市街地へ向かってやってきた。今までなら夜間爆撃の場合、南から北へ、つまり和歌山県の潮岬《しおのみさき》から北上して名古屋方面へやってくるのが奴らのコースである。しかも編隊は、昼間というのにかなり高度を下げている。私は何か不吉なものを予感した。これは何か大きな爆撃が始まるのではないかと思った。

午後になって、周りの大人たちの間にざわめきが起こった。そして誰言うともなく、「名古屋城が燃えている」という声が聞こえた。私たちが居る町からは東に四キロばかりの距離にある。しかしそこからは煙も物音も聞こえない。

町内には一カ所、この頃には防空監視所というものがあった。ある民家の屋根の高いところに、床と腰板だけでつくったものだ。地上からはかなり高い感じがする。そこへは梯子で昇っていく。私は近くにいた警防団員のような人に頼んで、そこへ上がることをお願いした。中学生の私だったが、これでも小学六年生のときには、朝のラジオ体操のときなど、二十人以上も集まった大人の前で、ただ一人指令台に上がって先生役をやったこともあるのだから、私のことは大人たちも知っていた。

監視所に上がった私は、まさに名古屋城のある方角に、真っ黒な煙が上がっているのを見た。しかもその煙は太く幅広く、いかにも大きな物体が勢いよく燃えている感じがしたのだ。監視所から降りた私は、そのことを周りの大人たちに話した。大人たちもすぐそれを承知したが、それ以上にどうすることもできなかった。

翌日、私は市電に乗って学校へ通う車窓から、名古屋城の天守閣があった方角を見たが、そこにはもう何もなかった。残ったであろう石垣までは見える位置にはない。名古屋城が燃えたというのは、その五層の天守閣のことである。

じつは私は、その一週間ほど前から、天守閣の上にある金の鯱が足場を使って下ろされつつある模様を、電車の窓から見ていた。名古屋城に万が一はという話は、前から囁かれていた。そこで金の鯱をどこかへ疎開させるために足場を組み立てて、それを下ろす作業をおこなっていたのだ。市電の窓からは、その南側の鯱の動きがよく見える。私はそれを毎日のように見ていたことになる。

しかしその動きが、私の目にはもどかしく思えた。もっと早く下ろせないものかと気を揉んでいたのだ。私が最後の金の鯱を見たのは、天守閣の三層目ぐらいのところだった。白い布に包まれていた。関係者の間で、今までにどんな打ち合わせがあったか知らないが、動きがいかにも遅いという感じがして、非常に残念に思った。そしてどんなに悔んでも、金の鯱は生きて帰ることはなかったのだ。

その年の八月十五日の朝はよく晴れていた。私はいつものとおり、友人を誘って登校

終戦時の市街（昭和20年）。中央の大きな建物が焼け残った本町の徴兵ビル
名古屋市提供

の途についていた。そのとき彼には、今日は重大な発表があると、ラジオで言っていたことを話した。彼の反応はまったくなかった。正午前に、私たちは学校の裏手にある寄宿舎の前に整列していた。ラジオで重大発表があるということだった。

正午になってその放送が始まった。性能の悪いラジオの音声だったが、なんとか聞きとれた。それは天皇陛下が自らの言葉でもって、国民に向けて放送するということだった。天皇の肉声とはいったいどんなものだろうという興味があった。なにしろ前代未聞のことである。本当にそんなことがあるのかという感じだった。

お言葉は訥々《とつとつ》として、その意味は一つひとつ分かるような気がした。天皇のお言葉ということで少しも聞き洩らすまいとする緊張感を最後まで持ち続けた。その中で「堪え難きを堪え忍び難きを忍ぶ」という言葉が印象に残った。しかしこれは、後日マスコミなどによって広く喧伝されたことによる印象だったかもしれない。

翌日、私は独り体育館の焼け跡に座っていた。学校は高台にあったので、北の方角に広がる一面に焼けただれた工場や民家の残骸を見下ろしていたのだ。遙か彼方には小牧山まで見えた。そのときである。晴れ上がった真っ青な空に、B29が一機南の方から私の頭上を通って、北の空に向かってゆっくりと飛んでいくのが見えた。白い機体が眩しく感じられた。

私はもう何も怖れることもなかった。防空壕に飛び込むこともなかったのだ。そう思うと、何とも言えない解放感に浸った。日本が戦争に敗けたという実感はなく、ただ戦争が終わったのだという感じ方のほうが強かった。

金の鯱《しゃちほこ》の燃え滓《かす》

私の中学一年生のときの友人で、名古屋城の中に住んでいるのがいた。というといかにも唐突な感じがして、何を言っているのかと思われるかもしれないが、事実はそうなのだ。まだ混乱した世の中だった。その家を見たわけではない。両親は何かいわく有りげな人物だったのかもしれない。

ある日その友人に誘われて、私は名古屋城内で彼に会うことになったのだ。多分その頃はまだ、城内の公開はしていなかったと思われ、彼とは焼けた天守閣の東側の石垣の下で会った。周りに人影はまったく見えない。まだ暑い秋の頃だった。二人は白い半シャツ姿だった。

会うなり彼は、ズボンのポケットの中から何やらくしゃくしゃしたものを取り出して、「これをあげる」と言って、そのくしゃくしゃしたものを差し出したのだ。私は「これは何？」と問い返す。すると彼は、「これは金の鯱の燃え滓」と言う。その態度はいかにも無造作だった。私は呆気にとられた。金の鯱といえば、金の魂のようなもので造られていると思っていた。それがいくら焼けたとはいえ、こんなくしゃくしゃとしたものになるとは、まったく思いもよらない。しかし彼は、「あのあとここへ来て拾い集めた」のだと言う。彼がそう言うのなら、私はそれを信じるしかなかった。

それは金の塊ではなく、金箔だったのだ。それも薄く汚ならしくなっていた。「こんなもの」。私は心の中でそう呟いていた。今まで名古屋城の金の鯱のことは、いかにも豪華な価値のあるもののように伝えられてきた。しかしその実物がこんなものだということが分かると、何か騙されたような気持ちになった。私はなんともいえぬ思いでそれを受け取ったのだ。

そのあと彼に促されて、私たちは天守閣に登った。石垣だけが残った天守閣だ。そこに上がってみると、四面を石垣に囲まれたその土台部分は、綺麗さっぱりと片付けられていた。ただそこには、あの重厚な建物を支えていた礎石が、整然と並んだままになっていた。私はその石の白さに清々《すがすが》しささえ感じた。

私はあの、何層もある天守閣全体を支えているのは、四方から積み上げられた、いか

名古屋城跡（昭和30年代）　名古屋市提供

にも重そうに見える石垣だと思っていた。しかしそのとき、砂地のようにさらさらと見える土の上に、正確に等間隔に置かれた礎石の表情は、私には何かを語りかけているようにさえ思えたのだ。

じつはこの時から約五十年後に、私はこの名古屋城の礎石群とほとんど同じような礎石群を、別のところに見ることになる。それはあの安土城の城跡である。今それを、現在の視点で見比べてみる。すると双方には、はっきりとした共通点があることが分かったのだ。

まず第一に、天守閣を支える石垣は、名古屋城のは高く安土城のは低い。これは名古屋城が平城であるのに対し、安土城は山城であることによる相違である。これは頷ける。

つぎに石垣の内側にある平地の高さが、双方とも石垣からは五〇センチほど低く、これは計られたように見事に水平の高さになっている。そして次は礎石の色と大きさである。その礎石は、これは石質によるものか真っ白と思えるほどに白く、そして一辺が四〇センチほどの真四角の大きさに揃えられ、これまた石の間が一メートルか一・五メートルの間隔を置いて並べてあるのだ。

最後に石垣の中の面積は、安土城の方が名古屋城に比べると一周り小さい。これは当時の絵図を見ても分かるとおり、その天守閣は細長く華奢な感じがするのである。これらのことは私の遠い昔の記憶から述べたものであって、その数値などは必ずしも正確ではないことをお断りしたい。

このあと彼はなおも私を誘って、今も昔のままに残っている西南隅櫓に向かった。まるで自分の家の庭を、私に案内しているようだった。そこの戸は、彼が鍵を持っていたのか簡単に開いた。とその内部は、思っていたよりも広く、それに天井も高く明るかったのだ。これは意外だった。

じつは私は、小学校へ上がる前に天守閣に上がったことがある。千葉の田舎から両親の親戚のお婆さんが来て、その女人《ひと》を案内して母と三人で名古屋城に向かった。そのとき私は、階の上層部に上がる急階段に難渋した。一階上がるごとに両手を前の段に付き、時間をかけてやっと上の階にのぼったのを覚えている。そしてそこで見たのは、暗く天井の低い倉庫のような空間だった。城兵の溜り場だったのだ。

その間母は、私の手を取って助けることなどしなかった。もっともあの狭く急な階段の途中ではそんなことはできない。しかしそれもやろうと思えばできないこともない。ただ私の母はそうしなかったのだ。これを児童虐待というのか。たいしたことではないが、それが私の母の育児の仕方だったと今は思っている。

私の天守閣への登楼の想い出は、それだけだった。しかしあの狭い暗がりのことを思えば、この隅櫓の中の空間は、下級武士にとっては天国と地獄の差だった。しかし何よりも、この名古屋城を囲んでは、一度も合戦がなかったことこそ幸いだったのだ。誰にとっても平和がいちばんよい。

まだ先はあった。次に私たちが向かったのは、天守閣の石垣の西側にあるお堀だった。友人はそこへは、何の躊躇もなく私を引っ張っていく。天守閣を囲んでは、その北側から西側、そして南側にかけて空堀が巡らされている。水堀ではない。

友人はその北西の角まで行って、「ここから下に降りて、お堀の中を歩こう」ということになった。いったいそんなことができるのか。焼けた天守閣の跡地へ行くことができても、お堀の中を歩くことなど本当にできるかという怖れを私はもった。しかもそれだけではない。もしそれをお城を管理する大人に見つかったら、それこそ、ただでは済まないという気持ちに襲われた。しかし友人の表情は、どこ吹く風だった。

見るとお堀の角には、下へ降りるのに梯子がかかっていたのだ。竹製だったか金属製だったかは忘れたが、ほぼ垂直に、下まではかなりの長さだった。そして二人は難なく下に降りた。降りてしまえば、もう何かを越してしまったという気持ちで、今度は私のほうが積極的に前に進んだ。

天守閣を載せていた石垣はかなり高い。その石垣の西側をゆっくりと歩く。すると友人も私も、あるものを見つけて立ち止まった。石垣の角は内側に反って、その度合いは極端ではなく、曲線美というのか、一種の優雅ささえ感じられる。とその角に、上から下へと何やら文字が彫られ、というよりも刻まれているのだ。加藤肥後守清正。そうはっきりと読みとれる。それが西北角と西南角の二カ所に同じようにと。徳川家康が西国大名に名古屋城築城を命じ、加藤清正が棟梁としてやったことがこれで分かる。西国大名潰しに躍起となっていた、家康の執拗で冷酷な仕打ちである。

そのつぎに私たちの目にとまったものがある。それは天守閣から西南隅櫓を結ぶ通路の下にある石垣に、無数の彫り物があったのだ。それは石垣そのものを造っている、大小の石材に刻まれている刻印のようなものだった。

石垣の石積み自体は、それほど整ったものではない。これはそのときの工法によるものだと思うが、要は堅固に造ればよいのであって、ある程度棟梁の裁量にもよる。それに石材が地方の各地から集められたものであれば、その材質により、一定の工法では工事が進まないということも考えられる。天守閣近くにあるこの石垣の石が不揃いなのは、そういう事情があったと思われるのだ。

ところでその刻印の種類の多さは、私の興味をいっぺんに引き付けるだけのものがあった。○や×や△と。私は慌ててポケットから手帖を取り出して、その一つ一つ違った印を書き記した。その数ざっと三、四十もあった。ただ印そのものは、一個だけの単純なものが多い。特別な人間がある考えによったというものでもない。しかしそれにしても、誰がどういう考えによって、わざわざこんなことをしたのだろうかと思う。これはいまだに諸説あって確定したものはない。大名が石の識別のために指示したとは考えにくいので、石工のグループの遊びだと思う。

その頃になって梯子の傍に小父さんが一人立って、私の友人に、「おーい」と声をかけた。友人もそれに応えて手をあげて「おー」とかなんとか言った。そこで私たちはお堀から出ることにした。さらにお堀の南側を見たが、ほとんど雑草ばかりが生えていて、そちらの方に足を向けることはなかった。その後お堀から這い上がった。そこには小父さんの姿はもうなかった。友人のおかげで、私は思わぬ体験をしたものだ。誰にもできることではない。彼には感謝したい。

金の鯱の燃え滓は、いつの間にかどうかなってしまった。

名古屋城巡りをやったついでに、この辺りのもので、八月十五日を境にして急に姿を消してしまったもののことを少し書いておきたい。

私は生来歩くのが好きで、しかも独りでどこへでも行く。そして中学へ入ってから終戦までの間にも、学校帰りのついでにこの近所をよく歩いたものだ。この辺りというのは、名古屋城の内堀から外堀までの間、つまり今の官庁街のかなり広い地域を指す。

その地域の大半にわたってあったのは、赤く、いかにも頑丈に見える煉瓦塀の中にある建物だった。それは陸軍の、この地に駐屯する兵士のために造られた兵舎だったのだ。

そこには連隊という規模の数の兵士が寝起きしていたのである。軍隊の組織というのかその大きさは、いちばんの頂点に師団があって、その最高指揮官を師団長といった。名古屋にあった第三師団の師団長には陸軍中将がなっていた。司令部はこの近くにあった。

さらに師団を構成していたのが旅団であり連隊であり、その下に大隊、中隊、小隊と続いていたのだ。私が見たのは、その連隊の兵舎だった。そこは頑丈な煉瓦塀のわりには入口の門は狭く、門柱には木の札に連隊名が書いてある。しかしその連隊名は数字だけのもので、第何々連隊とだけあった。

当時その数字だけの連隊名でも特に有名なのに、第三十八連隊というのがあった。私たち子供には、それがどこの何であるのかまったく分からなかったが、大人たちの間ではその名がよく出た。しかもそれは名古屋の連隊かそれとも地方の連隊で、特に中国戦線で名を挙げた連隊名のようにも思えたのだ。またそれは、昔から嘘の三八《さんぱち》といって語呂がよく、しばしば他人を揶揄するときに使われた言葉でもあるようだ。

しかしとにかく、私はその連隊の門の前に立ったのだ。ところが塀の中にある兵舎はほとんどが見えないのだ。軍隊というのは、いつの場合でも外部には知られたくないものがあるようで、多分塀を高くし、兵舎の屋根を低く見せているようだ。

しかし私は諦めなかった。東の端から西の端まで、ゆっくりと歩いた。すると連隊は一つだけではないということに気がついた。番号の違う、これは連隊ではなく、別の隊の兵舎もあったと思う。それに変わったところでは、砲兵隊もあったのではないか。いずれにしても遠い昔のことである。記憶はさだかではない。なお、名古屋で有名なのは第六連隊で、それはお城の二の丸に駐屯していた。

地域の中で、もう一つ別の建物があった。敷地のいちばん東、県庁前の大通りの西側に、真っ黒な三、四階建ての細長い建物である。それは海軍の建物で、しかも将校の名古屋地区の詰所のようなところだった。私は二回ほど、制服を着た海軍将校が、二、三人連れで歩いていたところを見たことがある。陸軍の若手将校のように、私たち中学生に対しても威張りちらすのと違って、海軍の少し年配の将校は、その濃い紺色の軍服と相俟って、いかにもスマートで紳士的に見えたものだ。

これらの軍の建物は、戦争が終わって間もなく、私の知らないうちにあっという間に取り壊された。やがてアメリカの占領軍がやってくることは間違いなく、そのために作業を急いだのだろうと思われた。ところがそのすぐあとにやってきたアメリカ兵は、日本陸軍が使っていた施設の敷地内に、今度は自分たちの兵舎を建てたのだ。それは外からも見えた蒲鉾型の兵舎だった。丸い屋根の両端が垂れ下がって、それが横壁になるというやつである。洒落《しゃれ》て合理的な感じがするが、住み心地はあまりよくないようだ。

名古屋にはアメリカの第二十五師団というのが来た。兵隊は左腕にハート型に稲妻がはしっているような図柄のワッペンを張っていた。しかし師団というのは大勢なので、多分もっと広いところへ移ったのだろう。そしてその跡はものの見事にコンクリート張りの広場に変身したのである。そのあとに次々と建てられたのが、今の県庁の分室であったり、国の出先機関の建物であったり裁判所であったりしたのだ。栄枯盛衰、兵《つわもの》どもが夢の跡、か。

今の中区三の丸地区は、名古屋城の内堀と外堀の間に東西に長くある。じつはそのいちばん西の端に、名古屋市民にとっては馴染みのある建物が、かつてはあったのだ。NHK名古屋中央放送局、すなわちJOCKがそれである。私は高校生のときに、そこを訪れたことがあるのだ。

地区の西の端といったが、その建物はすぐ西側の土手の下を流れる堀川に、今にも落ちそうな場所に、それほど大きくない姿を見せてそそり立っていたのである。決して大

名古屋中央放送局　伊藤正博氏蔵

袈裟に言っているのではない。建物は二階建てで、木造建築のように見え南北に細長い。そしてその両脇には、かなり高い鉄塔が聳え立ち、その天辺附近からは二つの塔を繋いで、長い電線が張られていた。放送局のまさに生命線である。

私たちは子供の頃でも、NHKはつねに親しみやすい存在だった。テレビもなく民間放送もない時代には、世の中のことは新聞よりもっと身近かに感じられる媒体であり、時の政府も大いにそれを利用したのだ。

JOCKというコールサインは、頻繁に耳に入ってくる。なおJOCKは、名古屋放送局を意味するもので、東京はAK、大阪はBK、それに続く名古屋はCKということで、日本で三番目に開局された放送局である。

そのＮＨＫでは、自局の広報ということで、時により催し物を開いたりすることがある。私は学校帰りに、その一つの行事に足を向けることになった。会場はもちろん丘の上のＮＨＫの建物である。この日は場内の見学ということで、珍らしいいろいろなものが陳列されていた。その中でも私の目をひいたのは、直径が四〇センチ以上もあるレコード盤である。普通のレコード盤の直径は三〇センチぐらいである。これはやはり長時間の録音ということで、放送局は一般では見られない特殊な器具を使っているのだと、私は妙に感心してそれを見入っていたのである。

この日の催し物の目玉は、名古屋放送管弦楽団の演奏で、私はそれに期待したのだ。会場にはそのためのホールというようなものもなく、私たちは少し広い部屋に、靴を脱ぎ、それを新聞にくるんで床に座った。そこに集まったのは、せいぜい三十人ぐらいだった。そしてオーケストラの方は、弦楽器から管楽器まで一応揃ったもので、これも最小限度の編成で、全員で三十人ぐらいか。

私は音楽が好きで、その頃ラジオでは進駐軍の兵士向けの放送が毎日あり、ＦＥＮという専門の電波を使って、アメリカのオーケストラの演奏を放送していて、私は午後の時間にいつもそれを聴いていた。しかし生のオーケストラを聴くのはそのときが初めてだった。

曲目はヨハン・シュトラウスの「美しき碧きドナウ」をはじめ、二、三曲の小品が演奏され、コンサートはあっという間に終わった。初めて生のオーケストラを聴いたにしてはほとんど感動もなく、私は拍子抜けした思いでそこを出た。ただある程度、満たされた気持ちがあったのも確かだ。何年かが経って、そのNHKの建物はテレビ塔の近くに移り、それがまた現在のような立派なものになったということは、周知のとおりである。


名古屋城を語るのに、最後にもう一つの遺物を紹介したい。それはかつて名古屋城の空堀を、瀬戸電の電車が走っていたという話である。

私たちの学校の裏側の崖の下を瀬戸電が走っていた。そこにはプラットホームしかない駅があった。瀬戸電というのはその名のとおり、乗客のほとんどが瀬戸市からのもので、私たちの学校の瀬戸在住の生徒も多くがそれを利用していた。私がそれを利用することはなかった。しかし私は子供のときから電車が好きだった。そこで用もないのに、

御薗橋と瀬戸電（昭和 14 年）　名古屋都市センター蔵（禁転載）

一度か二度それに乗ったことがある。行く先は終点の堀川駅まで。ＮＨＫの建物の崖下にある。

東からやってきた瀬戸電は、名古屋市内に入ると、大曽根から森下、清水を経て土居下の駅まで辿り着く、現在の明和高校の裏辺りだ。そしてその西側にある名古屋城の外堀へ線路を敷き、そこから電車は乗り入れることになる。そのあとはお堀の中のあの狭い空間を、横道に逸れることなく進むのである。ということは、お堀の南東部は直角に曲がっている。そのため線路も、九〇度の角度で曲がらなければならないのだ。私には詳しいことは分からないが、鉄道線路というのは、ある距離に対してカーブができる限度が、数字的に決まっているらしい。限度を超えると脱線のおそれがあるからだ。しかし瀬戸電のこの曲がり具合は、それ以上のものだ。あとのことは私には分からない。

つぎに停まるのは大津町である。乗降客はここがほとんどである。プラットホームの幅もかなり広い。彼らは県庁や市役所へ向かい、あとは市電の大津橋まで歩く。瀬戸電と市電は、町と橋と駅名を使い分けている。それぞれに意味があるのだろう。

そのあとは本町という駅がある。ここでの乗降客はほとんどないが、広小路の本町から名古屋城へ向かう道筋にあり、また近くには護国神社もあるのでそれなりに重要な駅なのか。そして電車は終点の堀川駅につくのだ。お堀の中の景色など何もない。しかしそれなりに面白い。古めかしい汚れた車体の色も、一種の風格があるのか。私はそれを期待して、用もないのにその瀬戸電に乗ったのだ。

焼土の向こうに闇市が

私たち中学生は、下校時によく焼け野原を歩いた。戦争が終わってから、少年たちは元気というものを初めて感じるようになったのか。元気とは、今まで体験したことのないようなものだったのか。元気とは明るいものだった。これはたしかに、八月十五日を境として、私たち少年が実感することができたものである。

下校時に焼け跡を歩く仲間はだいたい決まっていた。彼らは小さな工場主の息子だったり、うどん屋の息子だったり、国鉄のどこかの駅長の息子だったりと大したのはいなかった。中には大学教授の息子というのもいたが、彼は大人しすぎて、私たちの仲間ではない。

学校は東区にあり、市電の停留所は近くにあった。私たちはすぐに市電に乗ることもなく、仲間でよく歩いた。そのすぐのところは、名古屋の名士たちが住む高級住宅街で、不思議と戦災にも遭っていなかった。私たちが大声をあげて歩くには、いささか気がひけるところだったが、それでも頓着なかった。

そこを抜けて東片端の辺りまで出ると、見渡すかぎりの焼け野原が、果てしなく南の方に続いていた。高岳町から東新町、それに鶴舞の方にまでと。B29はよくもこれだけの爆弾や焼夷弾を落としたものだと呆れるばかりだ。その中へ私たちは足を踏み入れる。

とその辺りは、かつてはお寺やお墓の多い寺町だったところである。私たちは突然お墓巡りをすることになるのだ。もちろんその墓石はみんな焼けただれている。墓地は東片端から東新町に通じる電車通りの東側にある。私たちもその道を行く。そこはいつもの私たちの通り道になっているので、いくつかの墓石には馴染みがある。

ところがその中で、一基だけすごく立派なのがあった。普通のお墓は、だいたいが大きさや墓周りのつくりもそれほどの差はない。しかしそのお墓は、周りの石の囲いや段々の上に立つ墓石は、ほかのに比べると際立って高く立派なのだ。いったい誰のお墓だろうと近寄ってその主《あるじ》の名を確かめる。とそこには星野勘左衛門某《なにがし》とあるのだ。聞いたこともない名だ。ただ侍であることには違いない。

間もなくそれを誰が調べたのか私が調べたのかは忘れたが、彼は尾張藩の立派な武士であることが分かったのだ。元禄時代に藩主徳川光友に仕え、弓術の指南や奉行の職に就いたりして藩政に尽したのだ。なかでも彼の名を高めたのは、京都の三十三間堂における通し矢で、八千本もの矢を通して一躍天下にその名を轟かせたというのがある。私たちは、とんでもない人物に遭遇したことになる。彼の名は茂則という。そしてその墓はいま、千種区の平和公園の墓地に移されているという。またここにあった寺の名は高岳院《こうがくいん》といっていたが、今は地下鉄の駅名も高岳《たかおか》になっている。なにゆえにか。

萬平ホテル　『戦災復興誌』

続いてこの辺りまでくると、私たちの群も次第に少なくなっていく。うどん屋の息子などは家がこの近くなので、早くも家路につく。だが私は、しまいまで独りで歩き続けた。すると東新町の交差点の手前の右側に、大きな七、八階ものビルを見る。赤っぽく空襲によって焼けたようでもあり、半焼程度でまだ人の出入りがあるようだった。そのビルの名を萬平《まんぺい》ビルという。

萬平ビルはホテルのようだった。空襲に遭ったようだが、そのために取り壊すということでもなさそうだ。ところで萬平ビルというのは、名古屋でもその筋では有名な建物だということも、私はその頃初めて知った。そしてもう一つは、そこには当時の有名な女優が勤めていたということでも、名を知られていた。その名を私は聞いて知っている。しかしそれも確かなことではないので、ここでは言えない。

さらにその萬平ビルは、ほかのことでも新聞種《だね》になったのだ。名古屋市はその頃、戦後の都市計画の一つとして、道路整備というか道路の拡張計画を推し進めていたのである。そのためか、萬平ビルは今の場所から移動させるか、それとも取り壊すかという話になったらしい。そこで萬平ビルが選んだのは前者の案だった。果たして七、八階ものビルを移動させることができるのか。

何日か何カ月か経ったある日、私はその萬平ビルを電車の窓から見てびっくりした。噂されていた計画どおりに、その七、八階建てのビルが、道路からは後退して、後ろの方に一〇〇メートル近くも移動しているのである。信じられないことである。よく見ると、ビルの底というか下部に、木のころが何本も差し込んであって、それを回転させてビルを移動させたのである。私は最近になってそういう例をテレビで見たことがある。しかしそれは普通の民家である。ところが萬平ビルの大きさと重さは、想像もできないほどのものなのだ。私はその実態を目の当たりに見たのだ。貴重な見聞だった。

名古屋駅の西側、つまり駅裏に、一夜にして出現した闇市は、こうした焼け跡にできたものではない。その辺りはもともと何もないところだった。だからそれができたのだ。土地の人は今でもこの名古屋駅の西側の地区を駅裏と言っているが、そのとおり物の裏側には何もないことを意味する。

その頃駅裏は、だだっ広い広場だったのだ。いま西へ一五〇メートルほど行ったところに、椿神明社という社があるが、そこまでの間、人家はほとんどなかった。それに神明社から西へは道路もコンクリートで舗装されていたが、駅裏には砂利道というようなものもない。

いまから思うと、このときの駅裏一帯の土地は、国鉄、当時の鉄道省のものだったのではないかと思う。これは私のたんなる推測であるが、だからこそその更地のようなとところに、一夜にして闇市が出現したのだ。道端にその日ごとに露店を出すならまだしも、不法建築と思われる細い柱に屋根つきの小屋を建てるには、絶好の場所だったのだ。

私は通学のために毎日ここを通り、つぶさに駅裏の移り変わりを見ていたのだ。その頃にはそこは、すでに街になりつつあった。闇市の様相が、次第に固定化していくことに私は気がついた。東西に延びる道の南側には、徐々にバラック建ての家のようなものが建っていく。それとは対照的に、道の北側には露天商の店が毎日店を広げていた。

やがてそこに出回る商品も、だいたい決まったものになっていく。南側の店には、この頃になって衣料品が並べられるようになった。そして鮮魚や食糧品などは、西の方、椿神明社の近くにとなっているようだ。そこは品物を仕入れる際に、軽トラックを停めやすいようにと考えてのことだろう。

ここでお笑いを一席。露天商の多い北側は縄張りがあってのことか、毎日同じ場所に同じ店が出ている。その中で紳士用のシャツ、カッターを売っている店があった。茣蓙《ござ》か新聞紙を拡げた上に、その商品は並べてある。カッターは今でもそうだが、当時はセロハンによって包装がしてあり、一定の箱に収められている。売り手は声をあげて、通りの客に誘いをかける。

栄町のバラック商店街（昭和 20 年代）　名古屋市提供

広小路通のヤミ市（昭和 21 年）「毎日グラフ」1959 年 10 月臨時増刊号

客はそこに近寄って、商品を手にとろうとする。しかしセロハンを張ってあるから、その中味を確かめることはできない。売り手は一層声を張り上げる。だいたい通りがかりの人が目にするのは、そのあたりまでだ。

私は後日、ある人から聞いたことがある。あのカッターシャツは襟と胸の部分だけで、あとの袖や背中の部分は何もないのだ、と言うのである。だから客は、それを手にとってセロハンの中のものを取り出すことはできないのだ、ということになっている。カッターシャツは、今でも結構高いものである。いんちきなものを掴まされては本当に腹が立つ。これは私が他人《ひと》から聞いた話で、自分で確かめたわけではない。そして彼らが店を出すのは、朝のうちだけだったような気がする。

もう一つの話は、これは完全に犯罪行為だった。例のカッターシャツ屋のすぐ傍に、一メートルぐらいの棒の先に、三〇センチ四方ぐらいの板を折りたたんで取り付けた上に、煙草のピースの箱を三個並べた男がいる。その男の風体から、これからやることが、いかにいんちきなものであるかを予告するようなもので、アロハシャツにサングラスという服装は、絵になるぐらいだ。

これには共犯者が一人いる。彼は男の前に立って客の風《ふう》を装う。そしてすぐ、男は商売を始める。テーブルの上に並べたピースの箱を、左右に素早く置き換えるのだ。その三つの箱の一つに、裏側に十円硬貨ぐらいの大きさの穴があけてある。客はそれを当てるのである。

男の手はめまぐるしく左右に動く。客はその早さに惑わされずに、男の手をじっと見つめる。そしてその手が止まったときに、その穴のあいた箱を当てるのだ。客が二、三人集まったところで男が仕事を始め、前に立っていた男が、その穴のあいた箱を当てたのだ。そして男はなにがしかの金を受け取った。その男はさくらだった。

横でそれを見ていた別の男は、もじもじしている。それはさくらではなく客だった。分別がありそうに見えてもそこは人間である。男はとかく勝負ごとには弱い。万が一ということを考えると、もう博打心を抑えられない。そしてついに声を出す。その結果は外れである。いくらかの、それは多分高額の金を払わなければならない。初めからそうなっているのだ。

これには仕掛けがある、と思う。客が声をかけゲームが始まって男が左右の手を動かし始めたとき、箱の穴はちょっとした工夫により塞《ふさ》ぐようになっていたのだ。そんなことは簡単なことだ。普通の人間ならそれぐらいのことはすぐ察することができる。それを承知で手を出すということは、客の方に遊び心があったからだ。別に命を取られるということでもない。男たちは、そこにはいつまでもいなかったと思う。その頃には警察官が廻ってくる頃だ。

この闇市というのは、いつ頃まで続いたのか。今は闇商人という言葉も聞かないし、そこに住んでいる商人にしても、闇取引をすることはない。そしてその頃でも、闇市というのは絶対悪でもなかったのだ。庶民の生活は戦中よりも戦後の方が苦しかった。中でも食糧難は深刻だった。アメリカは自国で動物の餌としていたものを、多くの日本人に支給したのだ。

こんな状態は政府の政策が悪いのか、それとも戦争に敗けたから悪いのか。しかしそんなことを言っている場合ではなかった。国民は一日一日を必死に生きていたのだ。統制経済により政府が支給する食糧だけでは、国民は食っていけなかった。金になるものを全部はたいても、明日の食料に困ることになる。それでもまだ残っているものがあれば、彼らはそれを持って田舎へ行き、米などの食糧品などと物々交換をする。これは一つの商取引であっても、互いに税金を払うことはない。これを闇取引というのか。

闇市は闇取引の場なのか。外から見ている限り、そこには税金の取り立てというようなものはないようだ。これは確かに闇行為に当たる。それにもう一つは、闇物資というのがあって、米や煙草や酒類などがそれである。これも闇米《ごめ》や闇煙草などと言われるものだ。当時は配給制であり、市井の場で取引はできない。しかし米にしろ煙草にしろ、闇市ではそれができるのだ。

さらにあるのが、アメリカ軍兵士によるアメリカ煙草の密売である。ラッキーストライクなどというのは、語呂のよい響きがあって、中学生仲間の間でも生意気にその名が出てくることがあった。こう見てくると闇市の所以《ゆえん》は、第一に商取引に税金が生じないことと、もう一つは商品そのものが、本来この場では売買できないものを取り扱っていることにあったと思う。これは私が中学生のときに見聞し、今になっていろいろ考えた末での結論である。それ以外に、それこそもっと暗いところで何があったかを私が知ることはない。

私の家からこの闇市までは、一キロ程度の近いところにあったが、母はここで買い物をしたことはない。やがて闇市という言葉も次第に聞かれなくなり、闇市そのものの姿も徐々に変わっていった。しかしこの闇市というかつてあった場所のことは、今となってなんとなく懐しい想いが残るところでもある。

アメリカ軍の進駐開始

私がはじめてアメリカの進駐軍の兵士を見たときのことは、はっきりと覚えている。それは昭和二十年の九月になってからの、雨がそぼ降る暗い日のことだった。学校からの帰りの電車の中から、すれ違った向こう側をジープに乗って走って行く彼らの姿を見たのはあっという間のことだった。後ろの席に乗っていた兵士が、足を車の外に突き出すようにしているのを見て私は笑ってしまった。中学の年配の英語の先生が、「あいつらはだらしなく、軍用犬のように車から足を投げ出している」と言ったのを想い出したのだ。

私はその兵士のことよりも、かねてから聞いていたジープに興味をもった。折りたたみ式のテントを張って、軽快に、強い馬力によって走るであろうそのジープは、いかにもアメリカ軍のもののようで、この点でも日本は敗けたのだと実感した。

ジープに群がる子どもたち（昭和25年）
ウィリアム・S・ペリー氏撮影　名古屋市鶴舞中央図書館提供

このアメリカ軍のことを、日本側では、マスコミなども進駐軍と呼んだ。しかしこれは、まぎれもなく占領軍だったのだ。占領軍を進駐軍と言い、敗戦の日を終戦の日と言い変える、これは日本人の習性なのか。なおこの進駐軍は、名古屋ではアメリカ軍だけだったが、広島の呉《くれ》にはオランダ軍も進駐していたと聞き、連合国軍にはオランダも入っていたのだと、当時の新聞で知ったのを想いだす。

名古屋に進駐したアメリカの第二十五師団の兵隊が、町なかを隊列を組んで行進したということを聞いたこともないし、私はそれを見たこともない。ところが私は間もなく、そのアメリカの軍人たちの多くを毎日見ることになったのだ。その訳は——。

今の綿二丁目の二十番、すなわち広小路通りと本町通りが交わる西北の角に、名古屋にしては珍らしく気品が感じられるビルが立っていた。東南の角に丸みがあって、戦災にも遭っていない。戦後になって私は一度その中に入ったことがある。中は石造りでビルの中央にエレベーターがあり、それが四方をガラスで囲んでいるから、中の乗り物から上下に動く太い鋼鉄線までが外から丸見《まる》えだった。さらにそのエレベーターの開閉扉は蛇腹式で、これの開閉時には思わず見とれてしまうほどの面白さがあった。ビルは七階建てぐらいで、気品と同時に堂々とした風格もあった。そのビルを進駐軍が接収したのだ。何に使うか。

当時アメリカ軍の第二十五師団の兵士たちは、名古屋市内に駐屯していなかった。師団ともなれば大きな戦闘部隊なので、郊外のしかるべき広い土地に移っていったようだ。しかし師団指令部としては、名古屋の中心部にあったほうが何かにつけて都合がよい。ということで件《くだん》のビルを接収したのだ。師団司令部だったかどうかは私には分からないが、とにかくそれに類するものだった。

指令部ともなれば、一般の兵士が勤めるところではない。そこに入るのは将校クラスの軍人である。それも尉官クラスが多い。尉官かどうかは、私はそれを彼らの肩章で見

日本徴兵館（1946-47 年）
モージャー氏撮影写真資料　国立国会図書館デジタルコレクション

分けることができた。佐官などそこには滅多にいない。

では彼らの宿舎はどこにあるのか。これは都合よく、そのビルから西に七、八〇〇メートルほど行ったところにあった。当時名古屋では最高級の名古屋観光ホテルがそれである。将校クラスだから、それぐらいのところを宿舎としても当然という考えからだろう。そして彼らは、そこから毎朝その司令部に、サラリーマンのように通うのである。

私はほとんど毎日、彼らの歩みと同じように市電に乗り、平行してその姿を上から見ていた。私も登校途中だったのだ。彼らの歩みは軍人らしく大股で、それほどゆっくりでもなく規則正しい歩き方だった。そしてこれまた軍人らしく、にこりともしない。これに対し日本人のサラリーマンは、同じにこりともしない表情だったが、心なしかやや疲れた感じだった。その後何十年か経って、この建物は日本人によって取り壊されることになる。

日常そういうアメリカ兵が、市内を歩き回るという風景を私はほとんど見たことがない。ところがある日、突然姿を現すアメリカ兵の一団があった。それは水兵だった。名古屋港には時としてアメリカの軍艦が入港する。彼らはその乗組員だったのだ。そして久し振りに陸に上がった彼らは、与えられた休日を大いに楽しんだのだ。

水兵たちは市電にも乗った。ところがその市電は、その頃の電力事情により、突然の停電により止まってしまった。そこで車掌が乗客に対して、少し押してもらえば電気が通じるかもしれないと、乗客には電車から降りるよう懇願したのだ。乗っていた水兵にもその事情はすぐに分かった。
三、四人の水兵と乗客たちは、その電車を後ろから押した。ところが彼らは車掌の煽《おだ》てが利いたのか、大声をあげはしゃぎながらの馬鹿力によって、とうとうその電車を動かしてしまった。そして大笑いをしながらも、その電車に跳び乗ったのだ。水兵たちにとってその日は、良い休日だった。

そんな頃、街の風景を一変させるほどの出来事が発生した、今の伏見の南、商工会議所の建物が立っている辺りに、突然高い金網が張り巡らされたのである。それはあっという間に南の方へと拡がり、さらに東の方にも延びているようだった。いったい何事が始まるのかと市民は訝《いぶか》った。

ところがその後間もなく、今度は異様な物体の出現に市民は驚いた。金網の中にまたもや出現したのは、四角く真っ白な住宅だったのだ。これは進駐軍の兵士の、家族用の住宅である。そこに建つまでにはよほど準備をよくし、また効率的に計画されたのか、まったく同じ規格の二階建ての住宅が何十も、瞬《また》く間にできあがった。これには市民も驚いたし感心もした。まさにアメリカ流のやり方だったのだ。

そこに住むであろうアメリカの軍人たちの家族構成などについては、市民はまったく知るよしもなく、ただ言えることは、軍の高官はもっと良い処、つまり高級住宅地にある地元の名士たちの住宅を接収してそこに住んでいた。やはり征服者は、被支配者に対しては容赦がなかった。

アメリカ村
阿部英樹『占領初期の名古屋―「後藤敬一郎関係写真資料」調査報告』
図 4.16-.2-7

この金網の向こう側の部落のことを、間もなく誰言うともなくアメリカ村と呼んだ。まさにその言葉のとおりだった。市民はそこを羨望ともつかぬ面持ちで眺めもし、また憧れをもって金網の向こう側を見つめたのだ。果たして彼らは、アメリカのどこに憧れたのか。

そこには多くの日本人が出入りした。メードや作業員や警備員などである。そして間もなく、彼らを仲介としてアメリカの文化が外に流れ出した。彼らは主人であるそこの住人から、チョコレートや煙草、それに酒類などこまごましたものを持ち出し、自分の縁者や友人にプレゼントしたのだ。こうして小さなアメリカの文化が、日本人の間にも伝わっていったのである。なおこのアメリカ村も、いつまでそこにあったかの記憶はない。いつの間にか姿を消していた。

戦後四、五年が経っても、進駐軍と日本人のこうした関係は続いた。その頃はまた、日本国内の世相も次第に落ちついたものになりつつあった時代だった。またその気運により、種々の文化活動が活発化し始めてもいたのだ。

ある日の夕刻、私は鶴舞公園に向かった。その中にある名古屋市公会堂で、オペラの公演が予定されていたのだ。そして公園の入口まで行った。正門は国鉄中央線のガードの下にある。ところがその幅広い門には、全面に金網が張ってあって、そこからは入れないというのだ。見ると左側に通用門のような出入口があり、そこに男性が一人立っていた。そして彼が言うには、公会堂へ行く人だけがここで入場券をチェックして入ってくれと言う。その際公園の中を散歩することは許されないとも。この公園も、いまだに進駐軍が接収したままになっていたのだ。

第二次世界大戦が始まる前まで、中国の上海に租界という地域があった。イギリスやアメリカなどの大国がそこを占有して、中国人の立入りを禁止していた。そしてその入

鶴舞公園の名古屋市公会堂
阿部英樹『占領初期の名古屋―「後藤敬一郎関係写真資料」調査報告』図 4.8.2-1

口の看板には、「シナ人と犬は立ち入り禁止」と書かれてあったという。このとき鶴舞公園も、日本人の立ち入り禁止の区域だったのだ。こんなことを、私はあと二、三回体験した。

まだあった。私はその後ここに、年に十回近くコンサートに足を運んだ。演奏会場は静粛の場所である。それは演奏者も聴衆も心得ている。公会堂のホールは三階まである。音響に多少の問題はあったが、当時名古屋では、ここだけが音楽の演奏会場だった。

ある夜のコンサートで異変が起こった。その夜は楽器の少ない室内楽の演奏だったと思ったが、その演奏の最中に、ホールの天井附近で外部からの物音がした。どんという鈍い音で、それが静かなホールの空気を震わせたようだ。しかもその音は続けざまに、しかも不規則な音を発している。演奏に直接支障はないにしても、演奏者も聴衆も気になるところだった。しかし誰もそれを止めることも、どうしようもなかったのだ。

後日、私はその音の正体を知った。じつは公会堂には三階までのホールのほかに、四階は体育館になっていたのだ。そして当日は、進駐軍の兵士たちがそこでバスケットの練習をしていたのだ。このことを知って私は腹が立ったが、考えてみればこれはアメリカ兵が悪いということでもない。要は管理人の問題だった。急に入ってきた予定を断ることができなかったのか、音楽会とバスケットを一緒にやっても、何ら問題はないと考えてのことなのか。しかしこのことは、あと数年も時として起こっていたのだ。やはり腹が立つ。

鳴海球場と中日スタジアム

私はいつ頃から野球に取り付かれてしまったのか、愚かな話だ。しかもひととおりの愚かさではない。初めに職業野球のことを知った頃、当時は八球団だった。それを纏める団体名は「日本野球」といい、新聞などマスコミは職業野球と言っていた。その頃私は、その八球団の監督や選手の名を、ほとんど覚えるまでになっていた。もっとも当時は、一チームの定員が二十五人だったので、全員でなくても、主力選手の名を覚えるぐらい、たいしたことではなかった。

ここで少し煩わしくても、チームの名と主力選手の名を挙げてみたい。興味のあるファンなら、懐しい名ばかりである。

まず中部日本。当時は中日とはいわずに、またニックネームもなく、新会社の名称をそのまま使っていたのだ。監督は杉浦、投手には服部、清水、星田、久野らがいた。そしてこの年一年だけは、巨人の藤本が在籍していて、彼は翌年にはまた巨人に戻ったのだ。杉浦が明治の後輩の藤本を引っ張ったからだ。

続いて捕手には藤原。一塁大沢、二塁金山、三塁三村、遊撃には監督の杉浦が自ら守った。彼は結構エラーが多かった。体が大きいから、正面のゴロをよくトンネルするというのである。さらに外野には小鶴、古川、加藤、笠石らがいた。ところがこのメンバーは安定したものではなかった。

この当時の球界には選手たちを操るボスがいて、その男がチームの主力選手をいきなり引き抜いたのだ。その男の名を赤嶺某という。そのため翌年には、小鶴、金山、三村、古川、藤原らの主力選手が退団して、他のチームに移っていった。これを赤嶺旋風といって球界では大きな話題となった。

このためチームは著しく非力になったが、ポジションの移動や新人選手の採用などで、その場を凌いだ。しかし翌年には原田や杉山など有力選手が入団し、また巨人からは投手の宮下が入団し、体制は徐々に整ったものになっていったのだ。

このあと七球団の選手についても説明したいが、これはあくまでも昭和二十二年現在のものであって、翌年からは赤嶺旋風の影響により選手や球団そのものの動きが複雑になっていくので、そのへんの区切りははっきりとさせておきたい。さらに昭和二十四年になると日本野球連盟が解体して、現在に至る二リーグ制に移行することになるが、ここではそこまでの説明はしない。

さて次は巨人にいく。当時の監督は外野手も兼ねた強打者の中島だったが、その後間もなく三原がなった。投手は中尾、川崎、近藤などで捕手は内堀。一塁川上、二塁千葉、三塁山川、遊撃武智など。外野は中島、呉、平山、それに小松原あたりか。なお多田は投手と捕手の両方を兼ねて大忙しだった。

つぎは巨人の好敵手阪神タイガース。監督には若林がなっていたが、彼は投手もやった。ほかに投手には御園《みその》生や梶岡など。捕手は土井垣。一塁玉置、二塁本堂、三塁藤村、遊撃長谷川。それに外野は金田、呉、富樫、山口らがいた。

なおこの頃の阪神の打撃オーダーは、一年じゅうほぼ不動で、しかも九番に普通は投手を入れるところを、若林監督は投手は八番、九番に遊撃の長谷川を入れて独特のオーダーを組んだのだ。しかも試合中の選手の交代もほとんどなかったのだ。監督の采配の確固としたものが見られる。

あとの五球団についても詳しく記述したいところだが、煩わしくなるので一部を割愛して続けたい。つぎは阪神のライバル阪急だが、ここには愛知県出身の選手が多くいた。野口明・二郎の兄弟、捕手の日比野、投手の森、野手の玉腰らである。ほかに投手では今西、天保ら有力選手が多い。伝統あるチームだ。

あと関西では前年にリーグ優勝した近畿グレートリングというチームがあるが、これの前身は南海で、翌年にはまた南海として復活することになる。監督は山本（鶴岡）で、これは名将である。このチームを代表するのはなんといっても別所投手だ。ほかに中谷投手、捕手筒井、一塁飯田、二塁安井、三塁は監督の山本。外野に堀井、田川、河西らがいた。河西は前年盗塁五三で盗塁王になっている。

関西ではもう一チーム太陽パシフィックというのがある。監督は戦前巨人の監督だった藤本がなり、その下にはこれも元巨人のスタルヒン投手がいた。投手の真田は、大きく落ちるドロップで相手を牛耳った。捕手は伊勢川、野手は藤井。彼は元阪神にいて、戦前リーグ結成時に第一号のホームランを打ったことで知られている。

次に東京の二チームに移る。まず東急フライヤーズ。監督はかつての名手苅田。投手に白木と黒尾。野手には大下。彼は前年にホームラン二十本を打ってホームラン王に輝いた。左バッターとして彼のフォームは美しく、天才バッターと言われた。

最後は金星スターズ。ここはいわゆるクラブチームで、金銭的には恵まれなかった。監督は坪内。彼は外野もやった。投手は内藤や三富、井上など。野手では西沢、清原、重松など。なお西沢、坪内、三富らは、このチームの解散時に中日に移ることになる。もっとも西沢は戦前に、中日の前身の名古屋軍に投手として在籍していた。以上が私の当時の不確かな想い出による記述である。この頃野球の月刊紙が二紙あり、その中で八球団の選手の名鑑のようなものが全ページ写真入りであったので、私はこれを大いに参考にしたのだ。ただ、今はこの本は私の手元にはない。

戦後リーグ戦が再開されて三年目ぐらいまでは、試合のほとんどは東京や阪神地区でおこなわれていた。そしてこの頃になってチーム名とニックネームも出揃い、我が中部日本は中日ドラゴンズとしてグラウンドに踊り出るのである。さらに昭和二十五年からは、二つのリーグに分かれ、職業野球からプロ野球として再出発した。

昭和二十三年四月に、私は初めて中日の試合を見るために鳴海球場に向かった。名鉄の鳴海駅から歩いて二十分ぐらい。そこは以前からの野球場で鉄筋コンクリート造りで、正面もそれほど高くない。しかし私の胸は高鳴った。高校一年生の頃だった。

グラウンドを囲んだ観覧席は、これもコンクリートだけで、外野は芝生席になっている。私はなぜか三塁側のベンチの後ろに陣取った。この日は中日と阪神、南海と太陽の二試合が予定されていた。当時はフランチャイズ制というものもなく、この日は四チームのゲームを見ることになった。はじめに南海と太陽が対戦して、いきなり別所と真田の投げ合いになった。真田は途中で代わったが、別所は完投したようだ。私は彼の直球の物凄さに圧倒された。試合は南海が勝った。

続いては中日と阪神の対戦。中日は服部、阪神は監督の若林が投げた。試合が始まる前の練習で、選手たちはベンチ前で軽くトスバッティングをする。それが面白かった。阪神の藤村などは観衆に向かって愛想よく、五メートルぐらいの間隔で飛んでくる打者のボールを、グラブで受け止めたと見せかけ、そのボールを自分の左腕で受け止め、さらにそのボールが彼の腕を伝って首の後ろにまで這い上がり、それが反対側の右肩の上から腕の上に滑り落ちてそれを受け止めるという、これは一種の曲芸だった。

これが大阪のチームの選手の特徴なのか。それも藤村だけではなく、ほかの選手もこの曲芸をやるのだ。観客は拍手喝采をする。今の選手にこんなことができるだろうか。彼らはまさに、大阪の芸人だった。

試合は阪神の方が一枚上だった。しかも投手の若林には中日の打者は苦手のようで、相性の悪さが感じられた。彼はいつも、中日の選手にはセットポジションで投げる。体を横に向けて、ボールを持った右手を高く上げ、そのままの姿勢ですぐには投げない。そして頃合いを見計らっては投げるのだ。ボールは決して速くはない。しかしこの間合いが、中日の打者にとってはいつまでも合わなかったのだ。

試合はこのあと中日は星田が投げ、阪神は御園生が投げ阪神が勝った。スコアは5―3ぐらいだったと記憶している。なおこの試合で面白かったのは、ベンチの屋根に何がしらの器具が置いてあって、試合開始と同時に、審判か係員がその器具をとって、ハンドルを回すのだ。サイレンである。広い野っ原にサイレンの音が高々と響き渡るのは、気分爽快だった。

鳴海球場へは、私はこのあともう一度行った。愛知県で国民体育大会があったのがこの頃で、ここでは高校野球の大会があったのだ。その日は地元の瑞陵高校も出場して、当時の徳永投手が好投して勝ったのだ。結局瑞陵が優勝した。彼は後日中日に入団した。

鳴海球場は都心から遠いということもあったのか、中日はここでは余り試合をしなくなった。その代わりというわけではないが、その後中日は、中区に新しく造られた大須球場で何試合かやったことがある。しかしそこは球場とは名ばかりの、お粗末なものだった。観客席などは土盛の上に板を敷いただけだ。それに外野席なども、板敷の席が二、三列しかない。そのうえ後ろには、西本願寺名古屋別院の建物が立っている。

その球場で、私は中日の選手が練習しているところを一度見たことがある。日差しの強いよく晴れた日だった。私が行った頃にはすでに練習も終わりかけていて、監督の杉浦をはじめ数人の選手たちが、客席のすぐ前の金網附近にいた。私の目の前二、三メートルのところだ。と杉浦が、「ぼつぼつ終わろうか」と選手たちを促したのだ。

当時はコーチなどというものはいない。なにしろ二十五人のメンバーだから、監督以外はみな選手だ。それにこの時は例の赤嶺旋風のあとだから有名選手などもいない。目の前にいた笠石などは、もともと外野手だったのが捕手をやっている。それに監督も大声をあげて叱咤することもなく、練習は終わったのだ。私はプロ野球の練習などこんなものかと、どこか拍子抜けの感じで大須球場をあとにした。

私はその杉浦監督を、別のところでまたもや間近で見たことがある。それは名古屋駅のコンコースでのことだった。今の前の名古屋駅も、入口を入っての広場は広く、その空間には一種の心地良ささえあった。私はそこで杉浦を見た。というよりも目が合ったのだ。そのとき監督は、汽車の乗車券を買うために、人の列の後ろに立っていた。

当時名古屋駅の切符売り場は、あの広いコンコースの北側が東海道線の上りと下りのと、別々の窓口になっていた。そして南側は中央線と関西線とに分けられていたのだ。そのとき杉浦は、東海道線の上りの窓口の前で立っていた。そのうえその前か後ろには、中日の選手らしい男も数人いた。

私はその彼らの一団を見て、変に感心した。試合のために東京へ移動するのに、選手が自ら切符を買わなければならないのかと。しかしその姿は、一面微笑ましいものであった。

大須球場では、もう一つの試合を見たことがある。それは高校野球で、秋季の何かの大会の一つだったようだ。そこにはある程度選抜されたチームが出場していたのか、この日は四チームが出ていた。享栄商業、犬山高校、岐阜商業、四日市高校の四チームだったと思う。そして私が見たのは享栄と四日市の試合だった。

四日市の投手は楠本といい、なかなかの選手だった。そして享栄の投手は金田だった。長身のすらっとした左投手である。試合が始まってからしばらくして、ネット裏の後方

名古屋駅周辺　Pictorial Guide of NAGOYA（1952 年）

で見ていた私は驚いた。金田投手の球の速いこと。彼の球は投げた瞬間からキャッチャーミットに入るまで、ほとんど一直線だった。ところが彼はコントロールが悪かった。投げたあとどこへ行くか分からないという感じで、一度などはバックネットへ直接ぶっつけたのだ。これがのちに国鉄スワローズに入った金田正一の高校時代の姿である。なおこのとき犬山高校にいたのが、これも後日中日に入った本多逸郎で、このときは投手だった。

名古屋に新しい球場が造られるという噂さは、ファンを大いに喜ばせるものだった。鳴海は少し不便だった。そこでというわけで、ファンは甲子園や後楽園のようなとまではいかないにしても、それらしいものを期待した。場所は中川区の或る紡績工場の跡地ということだった。ただ球場のスタンドは、木造だと聞いて、私はそんなことがあるのかと思った。それに木造の球場はアメリカにもあるという注釈つきに、私にはどこか腑に落ちないものがあった。

木造の球場は、ファンが思っていたよりも早く竣工した。私は弟を連れて早速出かけた。その日が初めての日だったかどうかは忘れたが、私たちは朝早く家を出て、八時頃には球場の入口に着いた。まだ行列もほとんどなく、日陰の寒いところで、見上げる木造のスタンドが思ったよりも高い感じがした。その日の中日の相手のことなどは記憶にない。

いよいよ中へ入って、ネット裏の左寄りのやや高いところに席をとった。当時はまだ指定席などなかった。鳴海のスタンドに比べると、高いだけあってグラウンドは見やすかった。しかしこのとき、私はある不安にかられて弟と囁き合ったのだ。足元の席の板と板の間をよく見ると、そこに僅かな隙間があって、下の階の通路のような空間が見えるのだ。二人とも、この隙間から煙草の吸い殻を落としたらどうなるだろうと、異口同音に言ったのだ。日本人の煙草呑みはだらしがないのが多い。万が一ということは大いにありうるのだ。それを心配した。

この日は杉下が投げた。それを横から見ていた。彼のあの細く長い躰で、打者に対して飄々《ひょうひょう》とした態度で投げる様は、何か或る境地を越えたもののようで、並みの選手とは違うのではないかという印象をもった。まだ高校生の私がそのときにそう思ったのではないにしても、やはり何かを感じていたのではないかと思う。

その後は、下校時に友人を誘っては中日スタジアムに通った。私たちは外野の安い席に陣取って、四、五人が大声で勝手なことを言い合った。この頃はまだ客の入りは少なかった。そこで球場は、ファンにささやかな贈りものをしたのだ。

ある日、試合が六回か七回を終わったところで、私たちが座っていた外野席の後ろで、突然大勢の人びとの騒ぎ声が聞こえ、そのうえ彼らがスタンドに雪崩《なだれ》こんできた。球場が考えた手というのは、この回から外野席をファンに無料開放するということである。私たちは球場に入る前に、入口附近で人だかりしているのを見ている。これで納得した。彼らはそれまで球場の外で、ラジオの実況放送を聴いていたのだ。

その日は甲子園球場で、夏の高校野球の決勝戦がおこなわれていた。私は家のラジオでそれを聞いていた。平安高校と、相手はたしか和歌山県の高校だったと思う。試合は終盤にさしかかっていた。夏の日は長い。まだ夕方でもない。そのときラジオのアナウンサーが、急《せ》きこんで言った。「ただ今、中日スタジアムが火事により燃えています」と。もう一度そのアナウンスがあったとき、私は立ち上がった。そして自転車に跳び乗ると、いっさんに走りだしたのだ。球場までは家から四キロほどだ。気持ちは野次馬以上のものがあった。現場にはあっという間に辿り着いた。

　火はすでに消えていた。私は球場の三塁側の北寄りにつっ立った。非常線が百メートルほどのところに張られて、それ以上には近寄れない。見ると木造のスタンドを支えていた鉄骨の太いのが、火の熱で、頭の方からスタンド側に垂れ下がっていた。

　あとは黒焦げになったスタンドなどで、その向こう側のグラウンドも見えなかった。またスタンドの観客の姿もないし、消防車や救急車の姿を見ることもなかった。すべては終わっていたようだ。それでも私の周りには大勢の野次馬が集まっていたが、彼らがどうするわけでもない。私もほかの場所に移動することもなく、間もなくそこを引き上げたのだ。

　こうなることは始めから分かっていたことなのだ。万という人間が集まる場所。しか

昭和26年8月、出火前、ぎっしり埋まった中日スタジアム
名古屋タイムズアーカイブス委員会提供

中日スタジアム火災（昭和26年8月19日）『名古屋市警察史』

もどんな不心得者がいるとも限らない。今さら言っても始まらないが、当事者はそのことを心すべきである。死者三人、負傷者四百人だったという。亡くなった人は、火災から逃れ金網を乗り越えてグラウンドに飛び降りようとして、多くの群集の勢いにより圧死したのである。原因が煙草の火の不始末によるものであることは容易に想像がつく。昭和二十六年八月十九日のことで、この日中日は巨人と対戦中だった。

広ぶらを歩く

いっとき広ぶらという言葉が流行《はや》った。また同じ頃、何々銀座というのもよく言われた。いずれも東京に憧れてのことであろう。ただ広ぶらは名古屋だけのことで、これは東京の銀ぶらを真似たものであるにしても、そこには別段憧れの気持ちなどはない。あくまでも名古屋は名古屋だ。ただ広ぶらにはふたとおりある、と思う。つまり夜の広ぶらと昼の広ぶらである。

納屋橋より西方面　中村区役所蔵

広ぶらと、人びとの言《こと》の端にのぼったのは、夜の部からだと思う。戦後人びとの心は、いつまでも暗いままではいられなかった。そして心のうちに余裕も持ちたかった。しかし経済的には依然として苦しいままである。個人の暮らしは、まだ楽とはいえない。

そんなとき、人びとの心を焚きつける輩《やから》がいた。しかも輩は声をひそめることもなく大声で、「クリスマスイブに、広小路を歩こう」と。大衆はすぐそれに乗る。他愛がないといっても、群集心理にはどうしようもないものがある。人びとはどっと繰り出した。寒いにもかかわらずだ。そして私もその一人だった。

納屋橋より東方面　阿部英樹編著『占領期の名古屋　名古屋復興写真集』52 ページ

私はまず笹島の附近から歩き始める。家からの道順がそうなっているからだ。しかし当時このあたりはまだ、広小路通りという印象はない。このあと通りの南側を歩く。柳橋までは見るものもなく、まして買い物をすることもない。日はとうに暮れている。

柳橋の東南角に、くらぶ亭という洋食屋がある。父が言っていたが、ここのカツはわらじほどの大きさがあることで有名なのだと。そして納屋橋にさしかかる頃、道路の反対側、つまり北側には納屋橋饅頭の店がある。ここも有名な店だ。それも年寄り、といって差しつかえがあるのなら年輩の大人には昔から贔《ひい》屓《き》が多い店だ。この辺りから徐々に人が混んでくる。

私は黙々と歩く。独りなのでそれはやむをえない。通りの向こう側に観光ホテルの玄関がぼうと見える。その前の通りに人影は少ない。名宝も朝日新聞の建物の前も少しは明るい。そこを過ぎると徐々に人の流れも多くなってくる。したがって話し声も多少ははずんでくる。しかし人の歩みだけは、誰もが同じような歩調で歩いているので、私はふと不思議な気持ちにかられる。

左手前は朝日新聞社、その奥が名宝劇場
Pictorial Guide of NAGOYA（1952 年）

そのとき私は突然異様なものを見た。右側を歩いていた男が、私の歩みより少し早く行ったのだが、その頭の髪の毛が長く、いわゆる長髪で、しかも女性のように肩まで垂らしているのだ。それを見て少しは驚いたが、これがいま東京で流行《はやり》の長髪なのかと思った。暗がりで、その男の横額も見えなかった。

　伏見から本町辺りまでは街は一段と暗くなる。通りの両側に間口の広い銀行の建物が立ち並んでいるからである。銀行の建物というのは、昼間は威厳があって重厚に見えるが、夜はそこを通る市民に対しては、黒く重苦しい壁となって立ちはだかっているようだ。しかしこの辺りに銀行の建物が多いというのには、はっきりとした理由がある。その背後には名古屋市有数の繊維問屋街が犇《ひし》めいてあったからである。金融取り引きには恰好の場所だったからだ。

　その暗がりの中で、銀行の明かりのついたウインドがあって、その広告文句の中に、いま日本には二三〇ぐらいの大学があり云々というのがあった。これは教育費に対する融資の宣伝文句らしく、私はそれよりも、いま日本に、そんなに多くの大学があるのかと驚いた。

　本町の交差点を過ぎると、右側に古い三階建てのビルがあり、その横に新しい映画館があり、映画はその時間までやっていた。しかしその先にあるデパートはもう閉まっていた。広ぶらはその先にある栄町の交差点までだった。なんのことはない。私はただ歩き続けただけだった。それが広ぶらなのか。

クリスマスイブと言いながら、華やかさなど何もない。ケーキの箱や包を持った人もそれほどいない。それに街にはまだ、イルミネーションなどというものもなく、音楽らしいものもほとんど聞こえなかった。人びとはただひたすらに歩いただけだ。

とはいえ人びとにとっては、ある満足感もあったと思う。そこへ出かけるのに、オーバーコートの下には、ちゃんとした服を着ていただろう。それに女性にしても多少は着飾っただろう。そして当時はまだ少なかった喫茶店に入って、二人でゆっくりと寛いだ時間をもったに違いない。まだジーパンなどなかった時代だ。それにすれ違った長髪の男性の姿を見て、多少は東京の文化を感じたかもしれない。この広ぶらは、当時はクリスマスイブよりも、正月の人出にこそ大きな賑わいがあった。日本人はやはりお正月だ。そして広ぶらにしても老若男女の人びとが繰り出し、特に女性の晴着姿には、クリスマスイブにはまったく感じられなかった光景を目の当たりにして、行き交う人びとの顔も微笑むのだった。それにその晴れがましさは、朝や昼の世界である。

ということで、これから先は、昼の広ぶらをしてみよう。そこでは当時あったものや、今は失なわれたものなどが、懐しくも想い出されるかもしれない。そして私の広ぶらもまた笹島辺りから始まる。

戦後の都市の変わりようは急だった。焼土と化した空地に、いきなり綿密な設計図による建物が造られることは少ない。とりあえずは急ごしらえな建物、それはあの闇市のバラックよりは多少はましなのが建つ。それは笹島の交差点の東北の角から北へと、瞬く間に建ってしまったのだ。それをアロハアーケードという。

一本の細い通路の両側に、おそらく二十も三十もという小さな店舗が犇《ひし》めき合っている。そしてそれらの店舗の上部には、雨よけ程度の屋根が設けられている。それがアメリカ流のアーケードなのだ。売っているのはたいしたものではないが、目先きの変わったアメリカ風のものがあったかもしれない。そのせいか、人出はごった返すほどに多い。

その通りの先が少し広場になっていて、そこでは例によって、いんちきな商売をやっているのもいる。たとえば霊感術といって、人間の頭を二つ並べたぐらいの大きさの石を、自分が持っている霊感により、手をかけることもなく、宙に浮かせてみせるというのである。しかしこれは一時間ぐらい経っても石は上がらず、最後はがまの油のようなものを売りつけるというものである。私はこれを、松坂屋前の広場でも見たことがある。刀で自分の腕を斬って血が流れることもやって、見ていて面白かった。やっている男は、

映画館（アロハ会館）喫茶明治屋（1946-47 年）
モージャー氏撮影写真資料　国立国会図書館デジタルコレクション

いつも同じ五十がらみの奴だった。

その広場の東に、新しく映画館が建った。アロハ会館という。ここは洋画専門の映画館で、私たちは学校から二度ここへ来た。映画鑑賞というのである。「心の旅路」というイギリス映画と、「イースターパレード」というアメリカ映画だった。「心の旅路」は、イギリスの軍人が戦場の苛酷な環境の中で記憶を失ない、本国に送還されたあと、妻の献身的な介護により記憶を取り戻すという夫婦愛を描いたものである。当時十五、六の私たちにも、十分に感じることのできた良い映画だった。

アロハアーケードがつくられる前に、

その辺りにあった古い三階建ての旅館は取り壊された。また笹島から東へ、柳橋の西北角にあった名鉄の柳橋駅の跡地には、二つの銀行が土地を分け合ってそれぞれの名古屋支店を建てたが、角地を二つに割るのはどう見ても見栄えがよくない。

さらに納屋橋まで行くと、その橋の東南の麓に蛇、それも蝮《まむし》を何かの液体によって漬けた、これは精力剤というべきものを売っていた店があった。二メートル四方程度の小さなガラス張りの店で、遠目にも中にある品物が見える。黄色い液体によって漬けられた蝮が、ガラス瓶の中で泳いでいるように見えたのには、私は少なからずの興味をもった。

その蛇屋の東側の角に、海運会社の事務所があった。ある時その建物の二階部分に、東京の紀伊国屋書店が店を出したことがあった。私はこんなところでと思いながらも、そこで古書を一冊買った。箱入りの古いので、ロシアの作家ゴーゴリの作品「検察官」などを収めた戯曲集だった。しかしその紀伊国屋は、一年も経たないうちに店を閉めてしまった。立地条件が悪かったのだ。

海運会社の東隣の奥に納屋橋劇場という小さな映画館があり、そのまた隣には時計や貴金属を扱っている店があった。そしてその店の外には細長い洒落《しゃれ》た感じの時計塔があった。ある日の夕刻、私はその近くを通りがかったとき、突然その塔の附近から鐘が鳴りだしたのだ。

　鐘の音はゆっくりと、ある程度のメロディをつけて、柔かい音を辺りに響かせていた。そのメロディを、私は前にもほかの場所で聞いた覚えがある。私だけではなく、誰もが時どき耳にする曲だと思うのだが、そのときは何の曲だったか想い出せなかった。

　その前かあとにか、新聞がこのことを取り上げていた。その鐘の音は、イギリス、ロンドンのウェストミンスター寺院の鐘の音を似せたものだという。それを知って私は納得した。そしてその後何回か、夕刻五時少し前にその通りをゆっくりと歩くのだ。すると定刻どおりに、そのウェストミンスター寺院の鐘が鳴りだすのである。私の青春時代の想い出の一つだった。

　それから少し東へ行くと、名宝の建物の道路を挟んだ東側に、朝日新聞の社屋がある。おそらくこの建物は、広小路通りに面した建物の中では、いちばんスマートで洒落た建物ではないだろうか。総体的にガラス張りの感じがして、その上に火の見櫓のような塔が、これもガラス張りで聳え立っているのだ。

　ところがこの建物には、少し異《い》なものがその裾に構えていたのだ。警察の派出所だ。

今でいう、ポリボックスであったり最近では交番という。ここに派出所が造られたいきさつはだいたい想像できるがそれはさておき、派出所というのは、そこを通る市民にとって心強くも安心感がある。もう少し先の朝日神社の一郭にも、やはり同じような交番がある。

この朝日新聞の麓にある交番が、いつ頃からあったのかは承知していないが、私には想い出がある。そこもやはりガラス張りになっていて、中が丸見えなのだ。ある日のこと、私は歩いてここまで来ると、ふと立ち止まった。そしてその場に立ちつくしたのだ。ガラス越しに中を見ると、テレビが置いてある。しかも高い位置にあるので、そこに詰めている警官が、それを見ながら仕事をするということではない。となれば、そのテレビは、交番の前を通る通行人のためにあるのだ。とこれは私の勝手な推測である。

私はそこで立ち止まって何を見ていたのか。私だけではない。気がつくと私の周りには、四、五人の大人たちも立っていた。じつはテレビでは、甲子園の高校野球の実況をしていたのである。そして人びとが足を止めて観るほどの試合とは――。この日は徳島の板東投手と、新潟糸魚《いとい》川の村椿投手が投げ合い、その投手戦が延々十何回になっても決着がつかず、二人がいまだに投げ合っている姿を写し出していたのである。結局この試合は、その日のうちには決着がつかず、明日その続きをやるということに決まったが、私はそこまでは観ていなかった。いい加減にしびれを切らして、そこを立ち去ったのだ。試合は翌日も続き、結局板東投手の徳島商業が勝ったようだ。

さらに東に進むと本町との交差点に出る。その西北角にあるビルについてはすでに述べたとおりである。ところがその道を隔てた東側は焼土のままだったが、ある日突然、かなり大きな建物が出現したのだ。木造で三階建ての、間口の広い建物だった。それをオリエンタル中村百貨店という。読者はそれをご存じだろうか。その後栄町の角に建てられたデパートと同じ名である。しかも私はその中に入ったことがあるのだ。

これは事実である。木造といえばあの中日スタジアムを想い浮べるが、これはそれ以前の建物である。終戦直後には、とりあえずという考え方で建てられたものがかなりあると思う。そしてこのオリエンタル中村もそうだったのか。そのとおりで、この建物もまた、あっさりと取り壊されてしまった。私はその幅広い中央の階段を、駈け上がるようにして二階まで行ったのをかすかに想い出す。

本町の交差点の南東の角に、戦後も長い間、おそろしく古びた建物があった。オリエンタル中村の真ん前である。電車通り沿いに、間口が二五メートルぐらいか。奥行きはそんなにない。左の隅に急な階段があって二階に通じる。そしてもう一つの入口は、西側の通りに面したところにある。上へは三階ぐらいか。

この建物はいかにも古そうだが、どっしりと構えている。おそらくこの広小路通りに面してある建物の中では、いちばん古いのではないか。大正の初期には建てられたのではないかと想像する。縦長《たてなが》の窓が端から端まで並んでいて、ちょっとしたショーウインドウの感じがする。じっさい建てられた当初は、店舗の集まりというのか、小型のデパートを想わせた。東京では明治から大正にかけて勧工場《かんこうば》という、今のデパートの前身を思わせる店舗があった。ここのも、最近まであった明治屋に似た売り場になっていたのかもしれない。壁の色はチョコレート色とでもいうのか、それの濃いのである。建物全体が古色蒼然としていて、老いてもなお気品がある感じがする不思議な建物である。私はいつもその前を通るたびにそう思っていた。

さて次は、いよいよ栄町の交差点に行く。この辺りは空襲の最も激しかったところで、焼け跡の整理はなかなか進まなかった地域だ。その中では、割合い早く建物が立ったところがあった。これもある日突然、南西角の一郭の電車通り沿いに、高い板塀が張り巡らされたのだ。その板塀の中にあるものは何も見えない。左側の隅に木造の階段が設けられているが、それはかなり高い。ただ傍らには大きな看板が掲げられていて、それは或る催し物を報せるものだった。私は友人と二人でその階段を上った。

木造の階段は十段以上もあった。看板にはその日、ボクシングの試合があることを報せていたのだ。私はボクシングなど見たこともない。しかし多少の興味はあった。階段を登りつめるとその下、つまり南側いっぱいに木造のスタンドが扇状に擂《す》り鉢状に拡がっていた。そしてその底の部分にリンクがしつらえてあったのだ。

この頃巷《ちまた》では、ピストン堀口という拳闘家の名が広く喧伝されていた。どういう理由か分からない。まだ各種のスポーツが、市民の間に広まっていなかったせいがあるのかも。しかしその名は、中学生ぐらいの子供たちの間にも知れ渡っていたぐらいだから、彼はよほど強かったとみえる。ピストンとは、彼の腕がピストンのように早く繰り出されるという意味である。

その日、ピストン堀口は出なかった。私は友人と二人で、さほど多くもない観客の中でぼんやりとリンク上を眺めていた。体の細い選手が、互いに接近したり離れたりして殴り合っていた。私は拳闘というものはもっと激しいものだと期待していたが、これは外れた。私も友人も、間もなく声を出すこともなく頷き合って外へ出た。

その施設はすぐに取り壊された。その跡に造られたのは、何軒かの飲食店だった。屋根のついた南北に細長い建物で、真ん中の通路を挟んで両側に小さな店が並んでいた。全部で六軒ぐらいか。ところがそこに並んだ飲食店は、それぞれに特徴があって、市民の間では、ある評判になったぐらいだ。

私は一軒の店に入った。喫茶店である。カウンターだけの小さな店だったが、そこで出すコーヒーが有名だったのだ。名古屋で初めての、アイスコーヒーというやつである。私はスタンドに座ってそれを頼んだ。はじめに熱いコーヒーが茶碗に入れて出てくる。そしてもう一つの容器は、縁の厚いカットグラスだった。その中には氷の塊が三、四個入っている。そこまでは店の主人がやる仕事だった。

そのあと、コーヒー茶碗からカットグラスにコーヒーを注ぐのは、客がすることになる。私は初めてそれを口にする。それまでにはかなりの時間がかかった。味はただのコーヒーと変わりなかった。そのときストローが出てきた。私は飲みものをストローで啜《すす》るのが嫌いだったが、この場合はやむをえずルールに従った。目の前で、主人が私の所作を監視していたからである。

もう一軒は通路の反対側に、これも有名な店があった。女性向きなのか、三つ揃いというものを客に提供する店である。三つ揃いとは饅頭と羊羹《ようかん》と、あともう一つ甘いもののことをいう。それを抹茶を飲みながら食べるのだ。私は誘われてその店に入ったのだが、三つは食べられなかったし、その店へは二度と行かなかった。

この二つの店はそれぞれに評判はよかったが、それだけでは店は続けられない。やがてその辺一帯の簡易的な建物も取り壊され、その後は本格的な建物が建てられるようになって現在に至っている。

最後に残ったのが東南の角だった。ここはかなり長い間瓦礫のままの状態が続いた。南の端に、風呂屋の煙突を思わせる高いのがいつまでもあったが、それが何であるかは分からなかった。しかしやがて、現在の三越百貨店の基礎となる建物が三階まで建てられたのだ。そしてそのときにオリエンタル中村百貨店となったのである。その名称の由来について、我われ市民は何も推測する必要もない。しかしあの木造のオリエンタル中村百貨店が、ここへ引っ越してきた感じがする。

最後に、栄町の角からもうひと足東へ行ってみよう。今の中区役所が建っているところに、かつて面白い建物があったのだ。その名もこれまた中区役所である。その建物は現在と同じ敷地に、東西でもなく南北でもない、斜めの線引きの上にあった。建物はいかにも古く、おそらく昔は小学校の校舎ではなかったかと思われる建物だ。たしかに教室が二つか三つ連なっているような二階建てだった。

ところが私が面白いと言ったのは、建物の右の端附近に、火の見櫓とまではいえない鉄梯子があり、その頂上に半鐘がぶら下がっていたのだ。火の見櫓でないところになぜ半鐘があるのか。これは誰もが想像するとおり、授業の始業と終業を告げるためのものだったのだ、と思う。その前時代的な風景を、私は毎朝、登下校時の市電の窓から見ていたのだ。

広ぶらはここら辺りまでのことを言うのか。それは違う。やはり栄町の角までだ。なお今まで、この辺りのことを栄町と言ってきたが、当時はそう言っていたのだ。今は違う名で呼ばれているが、私にはその意味が分からない。

テレビ塔

名古屋にテレビ塔が建てられ地下鉄が開通したのは、ほぼ同時代の昭和三十年代の始め頃だった。戦後の復興期はまだ続いていたが、名古屋市は新しい進化に向かっていた。全国的にも有名な百メートル道路の建設は、当時の市の関係者の先見の明があってのことと、広く知られている。

なかでもテレビ塔の建設は、その予告と設計段階から、大いに市民が期待するところとなり、彼らは夢と希望にわくわくとしたのだ。またこれを計画した関係者にしても、この普通ではない建造物の実現には、予想もできないほどの期待と不安があったと思われる。

その計画を発表する段階で、設計を担当した学者の発言があった。私は詳しいことは覚えていないが、パリのエッフェル塔が頭にあったことだけは聞いている。そのとおり、これはエッフェル塔の小型版といってよい。高さはエッフェル塔の三分の二ぐらいだが、鉄骨の太さは比較にならない。エッフェル塔は、遠くからはいかにも優美な姿に見えるが、近くではその鉄骨の太くて頑丈さに圧倒されてしまうほどである。それにあの広びろとした空間にあってこそ、その姿は一層映えるのだ。名古屋にはそれがない。どうしようもないことだ。

しかし名古屋のテレビ塔は立派で、市民はそれを誇ってよい。設計者はその後他の都市でも同じような塔を造っているが、その形の良さや立地条件など、比べものにならないほどである。それに最近では、そこに電飾などを施している塔もあるようだが、それこそタワーの良さを否定しているようなものである。

タワーというのは、上に向かって伸びるものである。仮りに夜など、そこに照明を当てるにしても、単色で、さらに空に向けて浮きたたせるようにと工夫すればよい。階の途中で横に何本もの線を引くなどナンセンスだと思う。

テレビ塔の周りに空間が狭いといったが、これはどうしようもない。パリの都市美を真似ることなど到底できない。あれはナポレオン三世の強権によって成しえたことであって、日本の為政者にはそれはできないことだ。いや日本人にはそれは無理だといっ

テレビ塔を中心に明けゆく名古屋の文化施設（昭和 29 年）　名古屋市提供

たほうがよいのかもしれない。都市美とは、所詮民族性が現れたものなのか。

とはいえ名古屋市民は、テレビ塔をこよなく愛しているし誇りに思っている。私はそれを毎日見ているわけではないが、テレビではその姿をよく目にする。そして緑の多い背景にバランスよく聳え立つ姿には、或る風格さえ感じるのだ。これからも市民とともにあってほしいと思う。

都市美とか都市景観というのは、そこに住む市民の財産だと思う。そしてそれは自然にあるものではなく、市の行政や企業や市民の意志表示によってつくられるものである。ところがそこには、必ず当事者の力関係によっていろいろな問題が生じることもあるのだ。しかしいずれにしろ、当事者は自分の実利だけでなく、市域全体のこと、つまりそこには都市景観という空《くう》を掴むようなものに対しても考慮してほしいということである。

「公益は私益に優先する」という言葉がある。しかしこれは一方的なものであってはならない。そこにはバランスが必要である。それが崩れると、市街地は醜悪な景観を呈することになる。ヨーロッパの都市でもパリやベルリンやウィーンなどの中心街は、高層建築は一つもない。その代わりというか、フランクフルトなどの商業都市には、中心部でも高層ビルが林立している。これは多分、国家なり自治州の行政指導によるものだと思う。日本でもそういう都市なり地区がある。要するにバランスがうまくいっているのだ。名古屋市も、これからもそうあってほしい。いずれにしても私たち一人ひとりが住む街である。

おわりに

はじめにも述べたとおり、私にはこの本を著すにあたってのある切っ掛けがあった。いま巷では、愛知県や名古屋市に関する郷土史的な書籍が多く出版されている。中には珍しい写真も掲載されていて、読者の興味をそそるに十分なものもある。

この地方は戦国時代以降、明治、大正、昭和の世の中になってからでも地理的に重要な位置にあり、人や物の交流も盛んなこともあって、大いに栄えた地区だった。今になってその当時の文物を識ろうとするには、そこに遺《のこ》されたものは豊富にあるのだ。そして最近では郷土史家といわず個人的にも、その細やかな研究結果を発表するに至っている。

最近になって私は、そういう書籍を何冊か手にした。私が識らなかったことがいくらでもあった。ただ、そこで感じたことだが、過去の多くの資料により、また写真や図表を取り入れての説明があっても、そこには著者自身の姿が見えないということに気がついたのだ。

例えば、昭和十年代の風物を語るのに、いったいどれだけの人がその現場に居合せたと言えるだろうか。時間的にも年齢的にもそれは無理な話である。しかし読者は、その場にじっさい立ち合った人間から、当時のことをじかに話してほしいと思う。私はそういう読者が必ずやいることを信じたのだ。

私は一念発起した。そして私の記憶力というか想い出によって、当時の風景を読者の前に再現しようと考えるようになったのだ。人間の想い出とか記憶力といっても、所詮それはあやふやなものである。しかしそれでもなお、私は自分の考えを推し進めたいと思う。そしてそれを実行に移したのだ。

以上の経緯から、私がいままで書いてきた想い出の情景の前には、必ず私がいたということだけは理解して頂きたい。それ以上の他言は無用としてペンを措く。

[著者紹介]
永峯清成（ながみね・きよなり）
名古屋市在住。歴史作家。
著書『上杉謙信』（PHP研究所）、『楠木一族』『北畠親房』『新田義貞』『楠木一族残党記』『ヒットラー我が生涯』『ヒットラーの通った道』（以上、新人物往来社）、『カルメン紀行』『スペイン　ホセ・マリア伝説』『スペイン奥の細道紀行』『「講談社の絵本」の時代』『これからの日本』『人生斯くの如くか』『ヒットラーの遺言』（以上、彩流社）、『信長は西へ行く』（アルファーベータブックス）、『ハポンさんになった侍』（栄光出版社）ほか。

名古屋懐かしの風景　**明治橋からテレビ塔まで**

2024年3月10日　第1刷発行　（定価はカバーに表示してあります）

著　者　　永峯 清成
発行者　　山口 章

発行所　名古屋市中区大須1丁目16番29号
電話 052-218-7808　FAX052-218-7709
http://www.fubaisha.com/
風媒社

乱丁・落丁本はお取り替えいたします。　＊印刷・製本／シナノパブリッシングプレス
ISBN978-4-8331-5457-4